鉄道「幻」巡礼

目の前にあるもの、それは現実か幻か!?

一度は姿を現したものの、期待された役割を果たすことなく放置された未成線、あるいは姿を消した未成線が全国に数多く存在する。

中には初めから鉄道としての役割を期待されていなかった構造物も存在する。

本書はそうした鉄道の「幻」の姿を追い求めて、全国を巡礼した記録である。

JN213415

鉄道「幻」巡礼

目の前にあるもの、それは現実か幻か!?

もくじ

特別巡礼回想

『本項の代表的な構造物・地点の位置データ』は、路線図に★印で示した構造物・地点の北緯と東経の数値を示しており、地図アプリにこの数値を入力すると、その位置が正確に反映されます。

ヒグマが棲む森に伸びる「幻」の運炭鉄道

冷や汗をかきながら到達した森の奥の壮大な橋梁 「名羽線」・北海道

2024年 巡礼

数十キロにわたって人家がなく、棲むのはヒグマなどの野生動物ばかりという森を突っ切るように、コンクリート橋やトンネルなどの鉄道施設が延々と続いていく。

ただし、肝心のレールは敷かれていない。ここは、名寄と羽幌を結ぶ計画で着工されたものの、未開業に終わった「名羽線」の幻の遺構なのだ。

これまでに幾人もの先人が、名羽線の幻の遺構をたどって、未開の森に伸びる雄大なコンクリート橋の姿などを記録して帰ってきた。私も、そうした先人の輝かしい成果を見て、憧れを抱いてきた一人だった。

ただし、それらの成果には、必ずヒグマの脅威が付いてまわった。先人たちの報告でも、一様にそのことについて触れられていた。近年は特に、ヒグマの出没頻度が上昇していることが報道されている。現地に行くべきか躊躇する気持ちもあったが、しかし、「幻」の鉄道の頂点に君臨するような存在の名羽線を見ずして終わることもできない。私は新千歳空港までの航空券と、現地でのレンタカーを手配して、前泊の地に選んだ羽幌へと向かった。

巨大な石炭積み込み施設の遺構

前泊の地に羽幌を選んだのには、もちろん理由があった。名羽線の西の目標地点が羽幌であったことに加え、名羽線の大きな建設目的であった羽幌炭砿も、羽幌の近辺に存在していたからだった。まずはその羽幌炭砿の遺構から順に巡礼をしたいと思ったのだ。

名羽線を巡礼する当日、天気は幸いにも晴れだった。ホテルで朝食を手早く済ませて出発すると、最初に「三毛別」を目指した。ここには、貨車に石炭を積み込むための巨大なホッパーの遺構が現在も取り残されているのだ。

三毛別に羽幌本砿が開坑したのは1

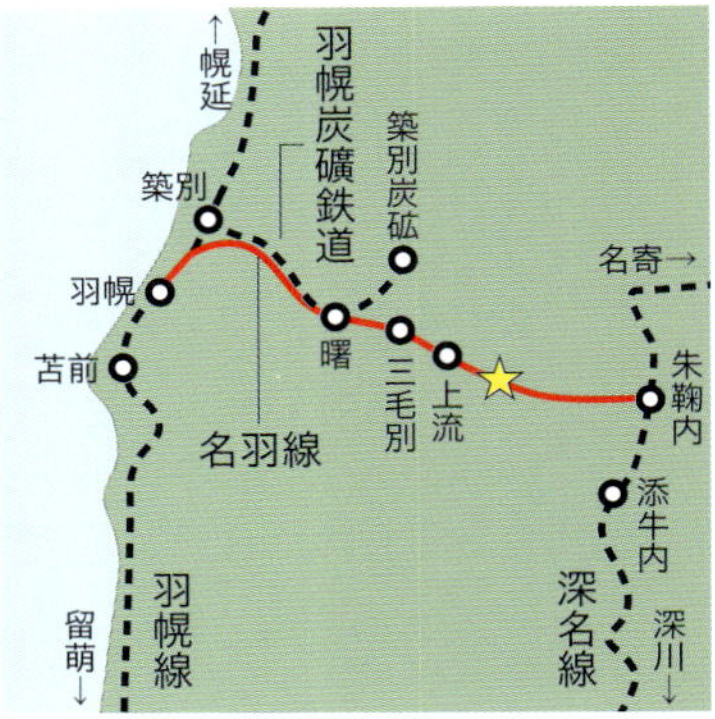

本項の代表的な構造物・地点の位置データ
☆ 中の二股川橋梁　44.297095, 141.957666

949年のことで、1962年には曙〜三毛別間の3・8キロに鉄道が開業した。これは名羽線の一部として建設されたものだったが、実際に石炭列車を走らせたのは、施設を借り受けた羽幌炭礦鉄道だった。羽幌炭礦鉄道は、国鉄羽幌線に接続する形で、1941年に築別〜曙〜築別炭砿の間をすでに開業しており、曙〜三毛別間も一体的に運営することで、石炭輸送に有効に活用されたのだ。

羽幌本砿の巨大なホッパーの遺構が残る三毛別駅跡

　ただ、順調だったのは最初の8年間だけだった。1970年には羽幌炭砿が閉山、羽幌炭礦鉄道も廃止となってしまい、名羽線の曙〜三毛別間も返却された。この時点で運ぶべき石炭を失い、接続するはずだった羽幌炭礦鉄道が消滅して、名羽線を建設する意義はもはや失われてしまったも同然だった。ところが、それからも10年にわたって曙〜朱鞠内間の34・8キロで建設工事が続けられ、列車が走る見通しも立たない「幻」の鉄道は、その姿をより確固たるものにしていったのだった。

1970年に羽幌炭砿は閉山、貨車が入線したホッパーも無用となった

　三毛別の第2選炭工場・貯炭所の近くには解説板が立てられていたが、そこには「建物は老朽化が進んでおり大変危険です。獣害(熊など)に遭う可能性もありますので、立ち入らないようにお願いします。」との注意書きがあった。近くには大きな糞が落ちており、ハエがたかっていた。まだ産み落とされて間もないようで、ヒグマの脅威が差し迫ってきたことを実感した。

いよいよ「幻」の区間へと進む

　三毛別から先が、いよいよ建設されてから一度も列車が走ったことのない「幻」の区間となる。三毛別トンネルと上羽幌トンネルは完成していたものの、

上流駅予定地を見渡すが、森と藪が広がるばかりだった

コンクリートで入口を塞がれてしまっており、その先に設けられる予定だった上流駅も、藪が生い茂るばかりで、仮に開業したとしても、最初から秘境駅となることは必至だった。

　上流駅の予定地の少し先には通行止めのゲートがあり、ここから先の林道を進むには北海道森林管理局の入林許可が必要となる。事前に入林許可を取得された方の車でゲートをくぐり、名羽線と林道が交差する付近まで同行、そこから名羽線の実踏が始まった。

奥に第２二股トンネルが見えるが、手前はひどいぬかるみだった

野生動物のテリトリーへと侵入

　林道から近いはずの「第２二股トンネル」も、路盤がすっかりぬかるんでいて、靴を泥水の中に吸い込まれてしまった。足を引き上げるようにしながら進んで、ようやく第２二股トンネルの坑口の前までたどり着いた。

　ぽっかりと口を開ける坑口は真っ暗で、坑口の上部を覆う植物が不気味さを増していた。足元のぬかるみには、野生動物の真新しい足跡がいくつも見られ、もはや人間のテリトリーでは完全になくなっていることを示していた。携帯電話の電波も、とっくに届かなくなっていた。まだ一つ目のトンネルに入ってさえいないのに、もうここで引き返したくなった。このあと、目的の「中の二股川橋梁」までには、このようなトンネルを七つもくぐって行かねばならないのだ。

　それでも、意を決して懐中電灯のスイッチを入れ、クマよけの鈴を一層大きな音で掻き鳴らしながら、第２二股トンネルへと足を踏み入れた。トンネルの延長は５８１メートルなのだが、カーブしているため、出口の明かりは一向に見えてこなかった。

第2二股トンネルの前に立つと、坑口より奥には漆黒の闇が広がり、中でヒグマに遭遇したら一巻の終わりだと思うと、あまりの恐怖に足がすくんだ

あまりの鈴の音に耳が…

トンネルという閉鎖空間を、これほど怖いと思ったことは、いままでになかった。前からヒグマがトンネルに侵入してきたら、あるいは後ろから…。そう考えると、恐怖でずっと鳥肌が立ったままだった。なにしろ、半径数キロの範囲内にいる人間という存在は、私ひとりであることは、ほぼ確定的な状況であったのだ。自分の身を守れるのは自分しかいない、そう思うと、クマよけの鈴を鳴らす手の動きも自然と激しくなった。鈴を鳴らすピッチのあまりの激しさに、それがトンネルの壁に反響して、自分の耳のほうがおかしくなりそうだった。

後ろから獣が追いかけて来ていないだろうか、その恐怖で背筋にはずっと冷たいものが流れているような感覚があった。それでも、振り返ってはいけないと自分に言い聞かせた。振り返ってしまうと、恐怖がより増してしまいそうに思えたからだった。

それでも、恐怖に打ち勝つことができず、つい、振り返ってしまった。そして絶望した。背後に獣が居たわけではなかったが、ずいぶんと歩いたつもりだったのに、トンネルの入り口からまだそんなに進んでいないことを知ってしまったからだった。

トンネルの内部では砂利運搬のトラックが往来した名残が見られた

ようやく一つ目の第2二股トンネルの出口に差し掛かったところで、路盤が大きく崩落しているのが見えた。かつては砂利運搬のトラックがこの路盤を行き交っていたのだが、とても通れるような状況ではなくなっていた。歩行でここを通過するにも、えぐられた地形を下まで降りて、再び路盤まで這い上がらなければならなかった。

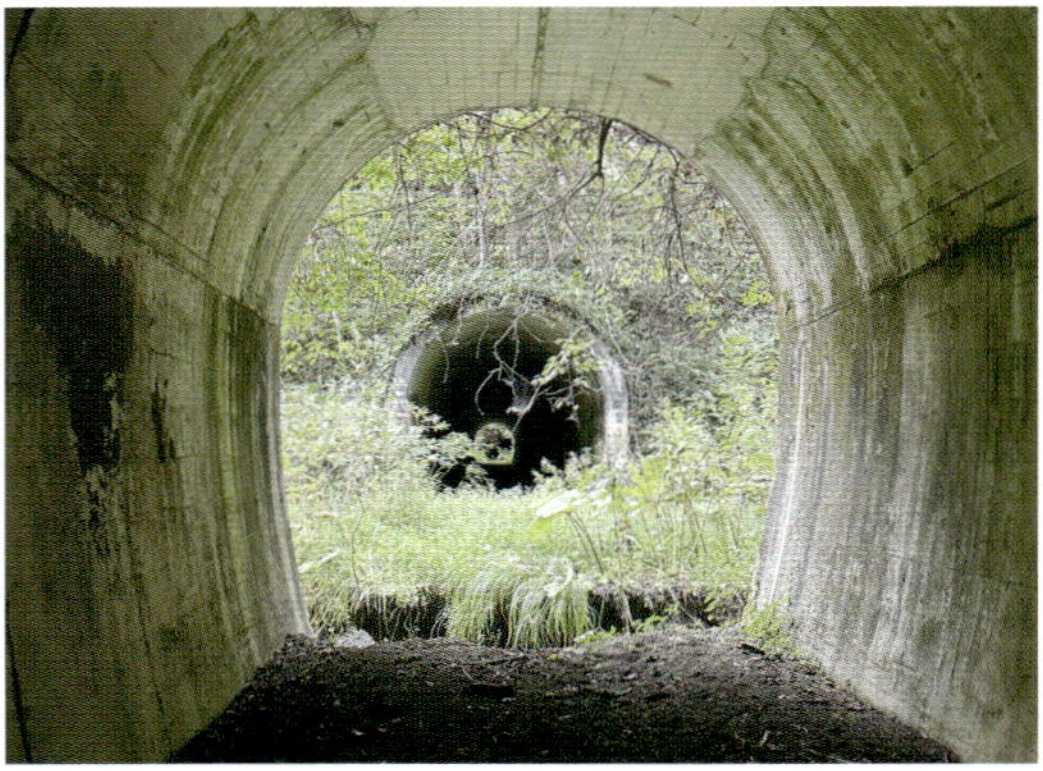
第2二股トンネルを抜けた位置で、路盤が大きく崩れていた

銘板に残る苦労の足跡

続く「第３二股トンネル」は91メートルと比較的短かったが、坑口に取り付けられた銘板を見ると、「着手　昭和45年7月20日」、「しゅん功　昭和47年11月19日」と、完成までに二年以上の歳月を要したことが読み取れた。

この過酷な環境の中で、長期に渡って工事に取り組み、そして完成にまで漕ぎ着けたのに、列車は一度も走ることなく朽ち果てようとしている、その無念を感じずにはいられなかった。

「第４二股トンネル」の内部では、トンネルの壁の一部が崩落していた。漏水が少しずつ壁を壊していったものと見られるが、せっかく掘削したトンネルも、いつかは完全に埋まってしまう日が来るかもしれないと思うと、自然の偉大さの前には、人間の営みなんて儚いものだと痛感させられる。

野生動物の足跡が引き続き多数見られる中を、「第５二股トンネル」、「第６二股トンネル」とくぐるが、背筋に冷たいものが流れるような感覚はずっと続き、相変わらずクマよけの鈴はハイピッチで鳴らし続けている。

そして、くぐったトンネルの数が増えるにしたがって、別の恐怖が頭をよぎるようになった。くぐった数と同じだけのトンネルを、帰りもくぐらなければならないのだ。そのことに気づいてしまうと、すぐにでも引き返したい衝動に駆られた。それでも、ここまで来たのに、中の二股川橋梁を見ずには帰れないという、別の気持ちも芽生えてきて、前進を続けることができた。

そしてここでご褒美が現れた。森を堂々と横切っていく「第２二股川橋梁」が凛とした姿を見せてくれたのだ。

第3二股トンネルの坑口の銘板から工期の長さが読み取れた

第4二股トンネルの内部では少しずつ壁面の崩落が始まっていた

恐怖心を何とか抑え込みながら第６二股トンネルまでをくぐり終えると、森を切り裂くように伸びる橋長９４ｍの第2二股川橋梁が姿を現した

クマよけの鈴もマックスに

第2二股川橋梁からは、手すりの向こうに「羽幌二股ダム」の姿が見えた。なんだか久々に名羽線以外の人工物を見た想いで、しかもダムは現役で使われていることを思うと、思わずホッとため息が出た。橋梁の上には、また大きな糞が横たわっていたが、今度は気持ちを折られることもなかった。

第2二股川橋梁を渡り終えたところで振り返ってみると、背の高い雑草でもう視界が遮られていた。石炭を満載した貨物列車が通過しても、ビクともしない強度で造られたはずの名羽線の施設も、大自然を相手にすると、なんとも非力であることを実感する。

第2二股川橋梁の先で開口していた「第7二股トンネル」の付近では、これまで歩いた中では一番の密度で、おびただしい数の野生動物の足跡を認めた。クマよけの鈴を鳴らすピッチもマックスになった。

「第8二股トンネル」は、これまでで最長の678メートルだったが、恐怖よりも、このトンネルを抜ければゴールだという希望のほうが勝った。

第2二股川橋梁からは羽幌二股ダムの堰堤を見ることができる

橋梁を渡り終えたところで振り返ると、もう視界は藪で遮られていた

第8二股トンネルの坑口まで来ると、前方の視界が一気に開けた

ついに憧れの「中の二股川橋梁」に到達した。堂々たる存在感を示していたが、手すりの片側が根元から折れているあたりに自然の脅威を感じた

ついに「中の二股川橋梁」へ到達

第8二股トンネルを抜けたところで、目の前の視界が一気に開けた。ずっと憧れていた「中の二股川橋梁」に、ついにたどり着いたのだった。緩やかにカーブしながら森の中で存在感を示すコンクリート橋は、まさに壮観だった。

先人たちが同じような怖い想いをしながら到達した地点に、私もようやく立つことができたのだった。

肩からリュックサックを下ろし、橋梁の真ん中に腰を下ろして、目標としてきた地の光景をしばし眺めた。はるか下を川が流れるこの雄大な景色も、仮に名羽線の列車の中から眺めたとしたら、一瞬で通り過ぎて、目にも留まらなかったかもしれなかった。

ここに来た者だけが目にすることのできる眺めを、しばし堪能した

中の二股川橋梁の先では路盤が崩壊しており、ここで引き返した

空からはポツリポツリと雨粒も落ちてきたので、腰を上げて、中の二股川橋梁から先へと進んだ。事前の情報では、この先で路盤が大きく崩壊しているとのことであったが、実際に現地に到達してみると、崩壊は予想以上にひどく、先に進むことはリスクが大きいと判断、ここで引き返すことにした。

ここまでたどってきた苦難の道のりを、また同じだけ戻らなければならないことを思うと、気が重かった。しかも、往路ではあまり気にならなかったコウモリが、復路では、やたらと顔すれすれの位置を飛び交っていくのだ。途中で拾った枝を振り回しながら歩いたが、ずっと鳥肌が立ったままだった。

それでも、トンネルの真ん中でふと歩みを止めてみると、日常ではあり得ないほどの完璧な静寂が辺りを支配していた。これからも、何十年と変わらずにこの静寂が続くことを思うと、「幻」の鉄道の静かすぎる運命を再認識した。

衝撃のラスト…！

名羽線は、天塩山地の麓を延長3225メートルの苫竜トンネルで抜けてゆくルートで計画されていたが、この付近に並行する道路はなく、羽幌側からの巡礼は切り上げて、今度は朱鞠内側から巡礼を再開することにした。

名羽線は雨竜川の支流である朱鞠内川に沿って勾配を下ると、深名線と合流して朱鞠内駅に達する予定だった。第1朱鞠内川橋梁は橋脚だけが残り、その先に続く築堤では、ボックスカルバートが姿を留めていた。銘板も残っており、「通路架道橋りょう」「しゅん功　昭和42年8月」と刻まれていた。

いよいよ深名線との合流地点が近づいたところで第1朱鞠内トンネルが現れたが、その朱鞠内側の坑口で衝撃のラストが待ち受けていた。大きな木が育ち、〝通せんぼ〟をしていたのだ。全国の幻の鉄道でも、こんな光景を見せるところはない。苦難の巡礼のラストの光景を、しばし呆然と見上げた。

藪の中に佇んでいた第１朱鞠内川橋梁の橋脚。近くで見ると巨大だ

通路架道橋梁は健在だったが、その向こうには藪が広がるだけだった

通路架道橋梁には銘板が残され、しゅん功は昭和42年8月だった

名羽線の巡礼の最後を飾ったのが第１朱鞠内トンネルで、坑口には大きく育った木が立ちはだかっていた。「幻」の鉄道を象徴するような光景だった

オホーツク沿岸に伸びる「幻」の縦貫鉄道

2024年 巡礼

元の牧草地へと巻き戻されていく無念の姿 「興浜線」・北海道

右手には遥か彼方まで続くオホーツク海、左手にはのどかな牧草地帯が続く。このオホーツク沿岸を、網走から稚内までの300キロ以上にわたって、鉄道で結ぼうとする計画が大正から昭和にかけて存在し、実際にその大部分が開通を果たした。残る最後のピースとなっていたのが、雄武～北見枝幸間、51・5キロの「興浜線」だった。

　1958年には雄武～北見音標間の18・5キロ、1960年には全線での工事が認可された。1971年には雄武～北見音標間の、1975年には全線の開業が予定され、そのまま工事が順調に進んでいれば、網走～稚内間を直結する〝オホーツク縦貫鉄道〟が完成していたはずだった。

　ところが、予算の割り当てが終始不足し、そうこうするうちに、1980年には国鉄再建法が施行され、以降に興浜線の工事が進むことはなくなってしまった。

　それだけではなく、すでに開通していたオホーツク沿岸の鉄道路線も赤字に伴って次々と廃線になり、ついには網走～稚内間のすべての鉄道が失われてしまった。

　牧草地を分断してまで造成された興浜線の築堤も次々と崩され、元の牧草地へと戻されていった。

本項の代表的な構造物・地点の位置データ
☆ 雄武トンネルの雄武側坑口　44.585577, 142.958104

北見枝幸から雄武までをたどる

「幻」のオホーツク縦貫鉄道を、北から南へたどってみることにした。

　北見枝幸駅は、もし計画されたすべての鉄道路線が完成していたら、オホーツク沿岸を北へ、南へ、そして内陸へと向かう三方面が集まる拠点となっていたはずだった。しかし、南と内陸へ向かうはずだった鉄道は幻に終わり、北へと向かっていた興浜北線も1985年に廃止となり、跡地は石碑がドンと据えられただけの姿になっていた。

北見枝幸から北見音標までの区間には、岡島、徳志別、北見山臼、乙忠部、風烈布の各駅が設けられる予定となっていたが、この区間では用地買収も完遂せず、工事もあまり進まなかった区間だった。このため、国道沿いに小さな集落が時折姿を見せるだけで、この区間を興浜線の列車が通過するシーンをイメージすることさえ難しかった。

次々と現れる立派な幻の遺構

ところが、北見音標駅の予定地より先では、それまでとは異なって、幻の遺構が次々とその姿を現すようになった。その理由は、北見音標から雄武までの区間では、工事が中断されるまでに、ほぼすべての路盤が完成していたからだった。北見音標から雄武の間には、枝枝幸、北見幌内、北見音稲府、元稲府の各駅の設置が予定されていた。

ゴメ川とトイナイ川との交差地点では、立派なコンクリート橋が連続で現れた。ひと昔前の地方路線なら、ヨダレが出そうなほどの威容だった。

エダエサシ川橋梁も、木々に隠れるように、静かにその姿を留めていた。橋梁の上ですっかり錆びついていた手すりが、放置されてからの長い月日を物語っていた。

道中で衝撃的だったのが、広い牧草地にポツンと取り残された短いコンクリート橋だった。せっかく完成まで漕ぎつけていた築堤は、両側ともすっかり取り払われ、元の牧草地へと時間が巻き戻されていた。

いよいよ興浜線で最大の遺構へ

元稲府駅の予定地の先で遭遇したのが元稲府橋梁で、興浜線で見かけた橋梁群の中で一番印象的だった。清らかな流れをひと跨ぎで越えてゆく、見るからに頑丈そうなコンクリート橋は、そのうち列車が通過していくのではないかと錯覚してしまいそうなほどだった。元稲府橋梁を過ぎると、まもなく雄武の中心部へと差し掛かっていく。

ここで興浜線にとっての最大の遺構とも言うべき、延長325メートルの雄武トンネルと対面を果たした。北見枝幸側の坑口はコンクリートで塞がれ、その先では土を被らないトンネルのアーチ部分が見えていた。

そして雄武トンネルの反対側の坑口こそが、この巡礼のゴール地点だった。ぽっかりと所在無げに口を開いたトンネルの姿からは、もはや万策尽きて、どうしようもない閉塞感と無念さ、そして諦念を突きつけられているような気がした。

オホーツク縦貫鉄道の構想が立てられた当時、開拓とその先にある産業振興、さらには国防までが見据えられ、前途は洋々なはずだった。そんな鉄道が、開通を迎えることなく、志半ばで姿を消していく現実は、寂しさ以上のものを感じさせるのだった。

前後の築堤が取り払われ、広い牧草地にポツンと取り残されたコンクリート橋梁。「幻」と終わった興浜線を象徴するような寂しい光景だった

現存する興浜線の橋梁群で一番の威容を誇る元稲府橋梁。橋梁の下を流れる元稲府川では、カラフトマスが溯上する姿も見られるという

興浜線で最大と言うべき遺構が雄武トンネルで、町の中心部に近い位置でぽっかりと口を開けていた。なにか活用法はないものかと思ってしまう

日本一の赤字線から続く「幻」の横断鉄道

トロッコ王国の途切れたレールのその先へ 「美幸線」・北海道

2024年 巡礼

かつて〝日本一の赤字線〟としてその名を知られ、当時の町長が東京の銀座で宣伝活動を行ったことでも有名になった「美幸線」は、1964年に美深〜仁宇布（にうぷ）間の21・2キロが開業、区間運転を含め一日に5往復の列車が線内を行き来した。

しかし、沿線人口がもともと僅少であったため、一日平均乗車人員は100人を少し超える程度で、1972年度には営業係数がついに全国でワーストを記録した。それ以降も実績は悪化の一途で、輸送密度はついに25人を割り込むところまで低下、1985年に廃止となってしまった。

その先の路盤も完成していた

1985年にその歴史に幕を下ろした美幸線であったが、美幸線の「幸」とは、終点となるはずだった「北見枝幸」のことを指しており、実際に仁宇布から先でも、57・5キロにもわたる区間で路盤が完成し、あとはレールを敷けば開業というところまで工事が進んでいた。前ページで採り上げた興浜線と、まさに同時進行で工事が進められていたのだが、この美幸線の仁宇布〜北見枝幸間も、やはり「幻」に終わってしまった。しかも、工事の進捗度で言えば、美幸線のほうがはるかに高かった。

トロッコ王国にある無念の車止め

美幸線は、旭川や稚内へと繋がる幹線である宗谷本線と、オホーツク沿岸との直結を目指した横断鉄道であったが、前述のとおりで仁宇布までは開業したものの、全通の夢は果たされずじまいだった。夢破れた鉄路は、地元の美深町が約5キロにわたってレールを残したままで買い取り、1997年からは観光目的で軌道自転車を走らせる取り組みが試験的に始められた。

のちに常設運行が始められ、「トロッ

本項の代表的な構造物・地点の位置データ
☆志美宇丹〜辺毛内間のボックスカルバート
44.789966, 142.528552

コ王国美深」として全国区の知名度を誇る観光資源へと生まれ変わった。

その乗車体験では、旧仁宇布駅から美深方面へと観光客が次々に出発してゆく。私もその体験を楽しんだのち、体験で走行したのとは正反対の、北見枝幸方面へと歩いてみた。すると、すっかり油が抜けて白っぽくなった枕木と、錆びたレールが3線並んで続き、それらが集まってきて1線に合わさった少し先で、頑丈な車止めが立ちはだかっていた。ここが、美幸線として敷設が行われたレールの終点だった。

一度は完成も、解体撤去が進む

この先の仁宇布から北見枝幸までの区間でも、前述のとおりで57・5キロの区間で路盤は完成しており、歌登駅となるはずだった予定地には、2万本以上のコンクリート枕木と1300本のレールが搬入されていた。しかし、1981年度からは工事予算がゼロとなり、一時は検討された第三セクターによる開業も最終的に断念され、美幸線の営業区間が1985年に廃止となると、解体撤去の作業が進められるようになった。1991年には枝幸町の市街地に屹立していた高架橋が撤去され、1993年には歌登地区でも橋梁が撤去されて、133億円以上が投じられた美幸線の全通は幻と終わった。

救いの「天の川トンネル」

そうした中で救いだったのは、難工事の末に1973年に貫通した延長1337メートルの「第2大曲トンネル」が、道路用のトンネルとして転用されたことだ。1990年から拡幅工事が開始され、1995年7月7日に「天の川トンネル」として開通した。

現地を訪れた私は、レンタカーを通行の妨げにならない位置まで走らせてから停め、天の川トンネルの坑門を見上げた。拡幅されているため鉄道トンネルの面影はまったく残っていなかったが、このトンネルのおかげで、冬季通行止めが解消できたのだという。このような形で幻の遺構が活かされている姿を見るのは嬉しいものだった。

志美宇丹〜辺毛内間では、現役を思わせる姿のボックスカルバートを訪れた。その先でも、草木に覆われた築堤、歌登トンネルから続くイタコマナイ川の橋梁、封鎖されたスノーシェッド、乗り越えるはずの鉄路が存在しない跨線橋など、幻の遺構を巡礼しながら、北見枝幸駅の跡地に着いた。

せっかく完成していた築堤の上を、列車が走る光景を見てみたかった気もする。ただ、実際に現地を走ってみて、沿線人口の少なさも実感した。仮に開業していたとしても、営業成績は相当に厳しいものとなったはずで、「幻」に終わったことによって、そうした非難を受けずに美しいままで済んだことは、あるいは幸いだったかもしれない。

美幸線のうち、1964年に開業した際の終点であった仁宇布駅の構内には、その先へと繋がるはずだったレールの一部が残っていた

仁宇布～北見枝幸間では、路盤は全区間に渡って完成しており、志美宇丹～辺毛内間でもボックスカルバートが姿を留めていた

大曲第2トンネルは拡幅後に天の川トンネルとして転用された

ボックスカルバートには「1969−8」の刻印が見られた

歌登トンネルの先のイタコマナイ川には橋梁が残っていた

道道12号線沿いで見られた、入口を塞がれたスノーシェッド

草に覆われた築堤には小さな橋梁が見え隠れしていた

幻の跨線橋の下付近に下幌別駅が設置される予定だった

知床の森に半壊で屹立する「幻」の大橋梁

苦難の工事の末に未成に終わったアーチ橋 「根北線」・北海道

2021年 巡礼

オホーツク沿岸を結ぶ鉄道として計画されながら、「幻」に終わった路線としては、先に採り上げた興浜線が存在したが、もうひとつ、幻に終わってしまった路線が存在する。それが、知床半島の付け根を横切るルートで計画された「根北線」だった。

根北線が結ぼうとしていたのは、根室標津駅と斜里駅（現・知床斜里駅）との間の約57キロで、根室標津駅では標津線と接続して太平洋岸の根室本線・厚床駅までを結び、斜里駅では釧網本線と接続して、オホーツク沿岸の南東部を縦貫する鉄道の一翼を担うはずだった。

軍事目的で工事が急がれた過去

ただし、厚床と斜里の間には、すでに根室本線と釧網本線が開通しており、両者を直結することよりも、国防上の意味合いのほうが大きかったようだ。

１９３７年に第一工区として斜里〜越川間が着工され、翌年には第二工区として越川〜上越川間も着工、戦況が厳しくなる中でも工事が続行された。このとき、「タコ部屋労働」と呼ばれた苛烈な労働環境で工事が進められ、多くの労働者が命を落としたという。

１９４０年には第一工区が完成、翌年には「第一幾品川橋梁（通称・越川橋梁）」も完成した。しかし、さらなる戦況の悪化で、一度は敷かれた第一工区のレールも撤去されてしまった。

戦後に一部区間が開業

戦後になると、国防上の使命は失われたが、外地からの引揚者の入植が行われることになり、農産物の輸送などで再び使命を帯びることになった。１９５７年には、斜里〜越川間、12・8キロの開業にまで漕ぎ着けた。

当初は一日4往復の旅客列車と1往復の貨物列車が運転されていたが、開

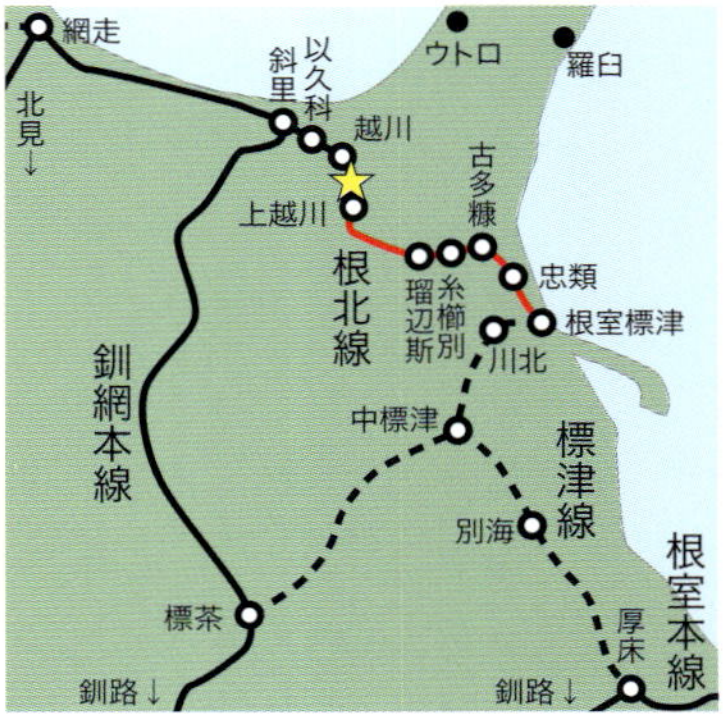

本項の代表的な構造物・地点の位置データ
☆ 第一幾品川橋梁（越川橋梁）
43.836832, 144.791328

設目的の一つであった農産物の貨物輸送は振るわず、1960年には貨物営業が休止に追い込まれてしまった。厳しい自然環境ゆえに離農者も相次いだことなどから営業成績は低迷、全国でワーストを記録した年度もあった。

最晩年には旅客列車は一日2往復まで減便され、開業からわずか13年目の1970年に廃止となった。

「幻」に終わった越川橋梁

前述のとおり、1941年には第二工区の越川橋梁までが完成していたが、工事に際しては、金属の枯渇で鉄筋を使用することができず、代わりに竹を骨組みに使ったほどで、完成までに11人が命を落とすほどの難工事だった。やっと完成した越川橋梁であったが、戦後になっても、その上にレールが敷かれることはついに無く、「幻」のままで終わった。

1973年には、下をくぐる国道244号線の拡幅に伴って、10連のアーチのうち3連が撤去され、現在のような半壊の姿となってしまった。

越川橋梁を下から見上げる

1970年に廃止となった斜里～越川間では、鉄道の跡地が元の農地へと戻されたため、痕跡はほとんど残っていない。

根北線でほぼ唯一、その姿を留めるのが越川橋梁で、国道244号線を進んで行ったとき、両側に屹立するコンクリート製の巨大な構造物の出現に驚かされることになる。

その全貌は、知床半島の付け根に位置する森に吸い込まれるように姿を隠しているので、橋梁に沿って幾品川のほとりまで歩いてみることにした。

越川橋梁の橋脚のすぐそばを歩いていったが、その橋脚には横方向に伸びる模様が幾筋も見えた。これは型枠により少しずつアーチ橋を形作っていった過程を示すもので、そこからは作業に携わった人たちの当時の苦難がダイレクトに伝わってくるようだった。

それにしても、アーチ橋は高かった。事前に写真で見たときの印象よりも、数倍も高く感じられ、まさに見上げるという感じだった。これを資材不足の中で完成まで持っていったのであるから、驚異というほかなかった。

当然のことながら、その上を重量級の貨物列車が行き来しても、全く問題ないだけの強度で造られたわけであるが、結局、貨車の一両が通過することもないままで終わってしまい、当時の人たちに申し訳ない気持ちになった。

国道まで戻って、道路を隔てた反対側のアーチ橋の傍まで寄ってみた。荒々しく削り取られた断面が、「幻」に終わった無念を訴えているようだった。越川橋梁より先でも、用地買収は進められたらしいが、雄大な景色が広がるばかりで、遺構は全く認められなかった。

国道244号線に面して半壊の姿を晒す越川橋梁。完成時は10連のアーチ橋であったが、国道の拡幅で3連が撤去されてこの姿となった

越川橋梁は戦況も厳しくなった1941年に完成したが、この堂々たるアーチ橋の上を列車が走ることは一度もないままで終わった

橋脚の近くまで寄ってみると、型枠を何度も組み直しながら上へ上へと伸長していった様子が見て取れる。それにしてもこの高さは圧巻だった

夏には湖の底へと消える幻のアーチ橋

鉄道の痕跡が少しずつ崩壊して消えてゆく　「士幌線」・北海道

2024年巡礼

「幻の橋」として全国に広くその名を知られているのが、旧士幌線の「タウシュベツ川橋梁」だ。なぜこの橋が幻の名で知られているのかといえば、夏になると湖の底に姿を隠してしまうからだ。

士幌線は、帯広駅から十勝三股駅までを結んでいた全長78・3キロのローカル線で、1953年に着工された糠平ダムによって、清水谷～幌加間がダム湖である糠平湖に水没することになったため、1955年にこの区間が新線へと移された。このとき廃止となった旧線にあったのが、タウシュベツ川橋梁だった。一時は解体も計画されたが、地元の保存活動で免れた。

崩壊が少しずつ進んでいる

糠平湖では、晩春を迎えると、湖面の水位が上昇してくるため、タウシュベツ川橋梁は水面下へと沈んでゆき、夏頃にはまったく姿が見えなくなってしまう。そして冬になって水位が下がってくると、再び姿を現してくるのだ。このことから「幻の橋」と呼ばれているのだが、実は別の意味でも、タウシュベツ川橋梁は幻の橋となりつつある。それは、厳しい自然環境の中で劣化が進んでいるからだ。現在は11連が繋がっているアーチ橋も、いずれはアーチが途切れてしまうと見られている。

糠平湖では、冬季には湖面が凍結し、水位が下がってきたときには、何トンもの氷の塊がタウシュベツ川橋梁の上に載ることになる。このような厳しい環境のため、橋脚の壁面があちこちで崩れ始めており、特に真ん中の5番目と6番目の橋脚を結ぶアーチ部分が、まもなく落ちそうだという。

タウシュベツ川橋梁は、前述のとおりで全国的な知名度を誇っており、近年では海外からも幻想的な姿を目当てに観光客が訪れている。すっかり北海道観光の定番となっているが、保存対策が取られているわけではなく、自然の成り行きに任せているため、「幻」の度合いがますます進んでいるわけだ。

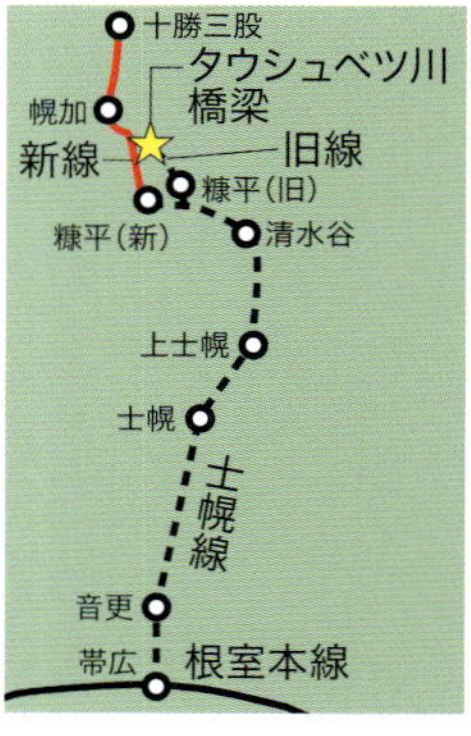

本項の代表的な構造物・地点の位置データ
☆タウシュベツ川橋梁
43.41561151423846,
143.18919531292582

現役当時から半ば「幻」？

士幌線は、実は現役当時から、半ば「幻」のような状態となっていた。

それはどういうことかと言うと、終点の十勝三股駅や、その手前の幌加駅などは、駅舎もあって線路もあって、国鉄として営業中であるはずなのに、列車がまったくやって来ないという状況になっていたのだ。

糠平〜幌加〜十勝三股間では、あまりに利用者が少なかったため、1978年からは列車の運行をすべて休止し、地元のタクシー会社が運行するマイクロバスによる代行輸送に切り替えられたのが真相だった。

かつての十勝三股地区には1500人ほどが住んでいたが、代行輸送が始まる前年の1977年には、5世帯14人にまで減っていたという。

ただし、糠平〜幌加〜十勝三股間はあくまでも廃止ではなく休止であったため、駅舎も線路もそのままの状態で存置されていたというわけだった。

緑のじゅうたんが美しい幌加駅

1978年の時点ですでに列車の発着が無くなり、幌加駅のホームや線路の手入れも行われなくなったが、士幌線が正式に廃止となった1987年以降も、変わらずそのままの状態で放置が続いた。このため枕木はあちこちで腐食し、コンクリート製のプラットホームには苔が生えていた。

その朽ち果てた姿が逆に魅力的だとして知られるようになり、定期的な除草などが行われるようになったこともあって、訪れる人はさらに増加した。

青々とした草が線路の間を埋め尽くし、まるで緑のじゅうたんのようになっている姿は、間違いなく美しかった。古びたホームの下には、国の登録有形文化財に登録されたことを示すプレートも取り付けられていた。

残されていた十勝三股駅の駅名標

終点の十勝三股駅は、すでに駅舎が取り壊され、転車台まであったという広かったはずの構内も、いまではすっかり自然に還ってしまって、その面影を偲ぶことさえ難しい。

それでも、もとの三股市街で現在も営業を続けている「三股山荘」というカフェの入口には、「76」と記されたキロポストが飾られており、その横には「十勝三股」と書かれた木製の駅名標が建てられていた。

お店の方に伺うと、実物とのことで、多くの人に見てもらえるように、屋外に設置したとのことだった。店内には往時の十勝三股駅の光景を再現したジオラマもあり、訪れた人に在りし日の姿を伝えていた。いろんな「幻」が存在した士幌線をたどって、最奥の終着駅の跡地で心優しい「リアル」に出会えて、ほっこりとした気持ちになった。

夏頃から冬までは湖底へと姿を隠してしまうタウシュベツ川橋梁。「幻の橋」として海外からも観光客が訪れている

1955年に完成した三の沢橋梁は全長が40mで、1978年からは休止の状態となっていた。現在では橋の上を歩くことが可能だ

幌加駅には1978年に休止となって以来の状態でホームや線路が残っている。一面が緑に覆われた姿は幻想的ですらある

十勝三股駅の駅舎があった付近はすっかり自然に還っていた

十勝三股駅の駅名標は「三股山荘」の横に残されていた

三股山荘の入り口にあったキロポスト

十勝三股駅の構内を再現したジオラマ

十勝三股バス停にあった遺失物掲示板

寂しい岬をぐるりと巡る「幻」の軍用鉄道

荒波が押し寄せる灯台の下に続くアーチ橋 「戸井線」・北海道

2020年 巡礼

函館駅前から汐首岬方面へと向かう路線バスは、午前中は二時間に一本ほどしか便がなく、乗り遅れないように早めにバス停で待った。定刻に発車したバスは、函館市電とほぼ同じルートをたどり、函館空港の近くからは海沿いへと走り出た。まだ両側には家並みが続いていたが、車窓に海が見えてくると、景色はどんどん寂しくなってゆき、運賃はぐんぐん上がっていった。

「汐首」のアナウンスで降車ボタンを押し、バスから降り立ったとき、その光景に息を飲んだ。海沿いの小さな集落の、はるか高い位置を、「戸井線」の路盤が横切っていたからだった。

現地で実感した圧巻のスケール

戸井線の路盤を見上げながら、汐首岬の突端へと続くカーブを歩いていくと、前方に連続するアーチ橋が見えてきた。今回の目的地である「汐首陸橋」だ。8連で構成されるコンクリート製のアーチ橋で、戸井線を象徴する幻の遺構でもある。

根北線の越川橋梁のときもそうだったが、現地を巡礼してみて思うのは、写真から受ける印象よりも、実物は圧倒的に大きいということだった。アーチ橋のすぐ下に民家が建っているため、その対比で大きさがより実感された。

最大の難工事だった汐首岬付近

この汐首陸橋の付近が戸井線でも最大の難工事となった場所で、背後にはすぐ近くまで切り立った断崖が続き、そして目の前には津軽海峡が迫る。このような急峻な地形の岬を回り込むために、トンネルやアーチ橋、擁壁が次々と構築された。その最中には戦況の悪化にも見舞われたが、軍事的な目的があったことから工事は続行された。

長年、脆弱な交通手段しか無かった沿線からも、期待は大きかった。

本項の代表的な構造物・地点の位置データ
☆ 汐首陸橋
41.711070175264275, 140.96343825928653

一部ではレールの敷設まで完了

戸井線の建設が始まったのは1936年のことだった。津軽海峡が国防上の重要な地点であるとして、1932年に砲台が戸井に完成したことから、その輸送機関として工事が急がれた。

前述のとおり、戦況が悪化しても工事は継続され、汐首岬を回り込む難所も克服して、終点の戸井まであと約3キロの瀬田来付近まで工事は進んだ。湯の川付近ではレールの敷設も完了していた。しかし、戦況はいよいよ悪化して、1943年にはついに工事の中止に追い込まれた。

戦後も、地域振興や地下資源開発などを目的として、工事の再開を図る動きが何度かあったが、実現することはなかった。中でも、青函トンネルの建設が検討され始めたとき、津軽海峡をくぐるルートの有力候補となったこともあった。汐首岬と大間崎との間は、北海道と本州との距離が約17・5キロと、最も短かかったからだった。

しかし、海底が深いことや、地質学的な理由などで汐首岬を通るルートは不採用となり、青函トンネルは西側を通る現在のルートで開通した。

仮に東側を通るルートが採用されていれば、汐首岬の付近を北海道新幹線が通過するシーンが見られたかもしれないと思うと、運命の分かれ道ということを思わずにはいられなかった。

戸井線を跨ぐ「開進橋」が姿を消す

1971年になって、戸井線の用地を函館市が購入し、市街地の区間は拡幅されて市道に転用され、切通しの区間は歩行者自転車専用道路の「緑園通り」に転用された。転用後も、緑園通りには、戸井線を跨ぐ目的で1942年に架けられた「開進橋」が現存していた。しかし、幅が約5メートルと狭く、橋の上で車同士が行き違うことができなかったため、2024年から解体工事が始まってしまった。今後は約16メートルのボックスカルバートに置き換えられるという。

戸井線の幻の遺構に思う…

戸井線の約29キロの区間のうち、約9割で路盤が完成していたため、現在でも幻の遺構がいくつか残っている。汐首岬の少し先の瀬田来には陸橋が現存しており、手前の汐泊川にも、橋桁が架けられることなく終わった5本の橋脚が姿を留めている。

汐首陸橋を見た帰り、バスの車窓を汐泊川橋梁の橋脚がよぎった。完成してから80年以上が経過するものの、何かの役に立ったことはなく、静かな水面に影を落とすだけで、その姿が不憫に思えた。ただ、この橋脚には、歴史的事実を伝えているという一面もあり、できることなら壊さずに、次世代まで残して欲しいと願うのだった。

戦況が悪化してもなお工事が続けられた戸井線の汐首陸橋。最大の難工事は無事に完遂されたが、この上を列車が通過することはなかった

民家の背後に屹立する汐首陸橋の姿は、やはり現地で下から見上げると圧巻だった。近年はその姿を見に訪れる観光客も増えているという

汐首岬灯台のすぐ下にも戸井線の橋脚が残っている。ここから津軽海峡を挟んで対岸の大間崎までは、北海道と本州との距離が最短となる

函館市内の切通しの区間は歩行者自転車専用道路に転用され、戸井線を跨ぐ「開進橋」も現存していたが、2024年から解体工事が始まった

本州の最果てを目指した「幻」の重要鉄道

ホームに至る階段まで完成していた幻の駅 「大間線」・青森県

2012年 2013年 巡礼

「大間」という地名を耳にしたとき、多くの人がイメージするのは、この地で水揚げされる高級マグロであろう。大間町の沖合では、黒潮、対馬海流、千島海流がぶつかり合うため、有数の好漁場となっているのだ。

同時に、大間は本州最北端に位置しており、戸井線の項目でも触れたとおり、汐首岬との間は約17・5キロと、本州と北海道がもっとも接近する場所でもある。その間を横切る津軽海峡は今も昔も変わらない重要な海路であるが、とりわけ国防上の観点からは特別な意味を持ち、1929年には陸軍により大間に砲台が設けられた。

重要ルートとして建設を開始

下北半島の突端に位置する大間の重要性は、それらだけには留まらない。明治の中頃から構想が立ち上げられてきた、函館との間を航路で結ぼうとする際の、結節点となることであった。大間と函館との間に航路を設定することで、東京から函館までの所要時間を短縮しようという壮大な計画であった。

実際、青森県の手で大間の港湾整備が進められたことから、いよいよその構想は現実味を帯びてきた。そうなってくると、東北本線と大間を直結する鉄道が必要という声が出るのは自然な成り行きであった。

下北半島では、1921年に野辺地と大湊とを結ぶ大湊軽便線（現・JR大湊線）が全通し、その翌年には、これに接続して、大畑を経て大間に至る鉄道が予定線として掲げられた。これこそが「大間線」の原点であった。このように大間線は、本州と北海道とを結ぶ重要ルートの一翼を担う意味も込めて始動したのだった。

そして、陸軍が大間に築いた津軽要塞が強化されることになったことで、大間線の計画はより強力に後押しされ

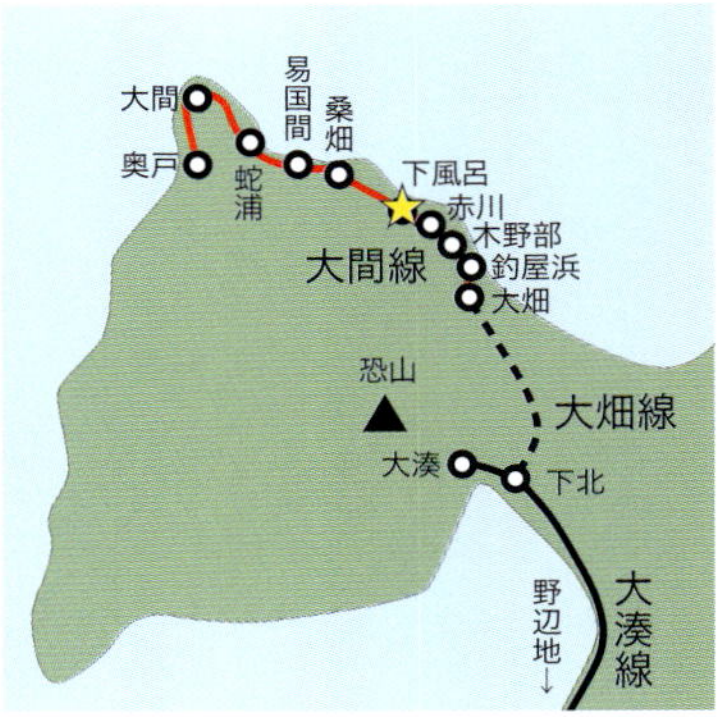

本項の代表的な構造物・地点の位置データ
☆ 下風呂駅予定地
41.46683576720979, 141.0935759442341

ることとなった。

第一期線までは無事に開業

大間線のうち、大湊線から分岐して下北から大畑に至る区間は第一期線として1937年に着工され、1939年には「大畑線」の名称で開業した。

引き続き第二期線として、1938年から大畑〜桑畑間で工事が始められた。軍事目的があることによる後押しがここで効果を発揮し、他線区の工事予算も振り向けられるなどして、1940年には大畑〜釣屋浜間、1941年8月には釣屋浜〜木野部間、同年10月には下風呂〜桑畑間が完成した。

しかし、いよいよ戦況が悪化してくると、工事予算の減額が始まり、1943年にはついに工事が中断してしまった。奇しくも、青森県が進めていた大間港の整備が完了したのも、この年だった。それ以降、大間線の工事が再開されることは無かった。

一瞬、光が差しかけたが…

対岸の戸井線とまさにセットであったのであるが、青函トンネルの建設が検討され始めたとき、建設途中で放置状態となっていた大間線についても、一瞬ではあったが光が差しかけた。しかし、前述のとおりで青函トンネルは下北半島ではなく、津軽半島を北上した先に建設されることになったため、大間線は再び忘れられた存在となっていった。

鉄道として開業する見通しが立たなくなった大間線の用地は、1968年に一部が青森県に売却され、道路の拡幅に使われた。1975年には大畑町と風間浦村にも用地が譲渡された。

無事に開業まで漕ぎ着けた第一期線の大畑線も、1985年には国鉄の手を離れて下北交通に移管されたが、2001年には廃止となった。これで大間線の灯は完全に消えてしまった。

圧巻の姿を留める二枚橋橋梁

大畑駅から先の第二期線の区間で、レールが敷かれたところはなかったとみられるため、大畑駅の構内の端にある車止めが、大間線にとってのレールの終端を意味していた。

その先ではバイパス工事によって幻の遺構が消え去っているが、下狄川には総延長101・5メートル、7連のアーチ橋である「二枚橋橋梁」が残っている。

国道側から見た時点でも、きれいなアーチが連続する様子が目を引いたが、川沿いを歩いて反対側まで回り込んだとき、思わず息を飲んだ。

スケールの大きなアーチ橋が規則正しく並び、そのアーチ橋の向こうには、津軽海峡の海原が見渡せたのだ。橋の中央には作業員のための退避所が設けられていたが、漢字の「田」の字を思わせるデザインも印象的だった。

建設当初は東京と函館を短絡するルートとして意図され、戦後も青函ルートの候補となったが、大畑駅の車止めより先にレールが伸びることはなかった

大間線の工事は1938年に大畑～軍畑間で開始され、1940年には大畑～釣屋浜間が完成、7連のアーチで構成される二枚橋橋梁も竣功した

二枚橋橋梁で印象的だったのが、アーチ橋に設けられた待避所。現代であれば金属製となるところを、コンクリート製としたところに時代を感じる

二枚橋橋梁が描くダイナミックで美しい円弧の向こうには、津軽海峡の海原を見渡すことができる。やはりここを通過する列車の姿が見てみたかった

未完成のまま消えた幻の遺構

大畑駅から先では、釣屋浜駅、木野部駅、赤川駅、下風呂駅、桑畑駅、易国間駅、蛇浦駅、大間駅、奥戸駅が設けられる予定となっていた。このうち実際に工事が行われたのは、前述のとおり桑畑駅付近までであったとされ、木野部駅から下風呂駅までの区間は、着工こそされたものの、竣工することなく工事が中断されたようだった。

途中に立ちはだかる難所の木野部峠を、並行する国道279号線はＳ字カーブを連続で描きながら高い位置で越えていくが、大間線のほうは海岸近くの険しい地形に沿ったルートで工事が進められ、途中には木野部第一、第二の二本のトンネルも掘削された。集落側の坑口はコンクリートで塞がれてしまっているが、昔は自動車での通り抜けができたという。

その先の赤川駅が予定された付近には、小赤川を跨ごうとするコンクリートアーチ橋が作りかけの状態で80年近くも残存していた。

ところが、２０２１年の大雨で大量の土砂や流木が押し寄せ、隣接する道路橋の小赤川橋を落橋させてしまった。道路橋を復旧する際、工事の支障となるとして、大間線の小赤川橋梁はあっけなく撤去されてしまった。

ホームへの階段まで完成していた

そしていよいよ、大間線にとってのハイライトと呼ぶべき場所に到達した。下風呂駅が予定されていた一帯である。

下風呂駅は、小さな温泉郷のそばに設けられる予定となっていた。温泉郷の一角に、コンクリート製の小さな入り口が開口しており、中に入ると、その先に階段が続いていた。階段を上り切ったところには、プラットホームが整備される予定となっていた。

この階段が列車の乗降のために使用されることは無いままに終わったが、日常的な往来のために活用され、アート展示の場としても活かされている。

13連アーチ橋の上にレール?!

大間線のハイライトは、この下風呂駅の階段だけでは終わらない。その先に続いている13連のコンクリートアーチ橋こそが、大間線の幻の遺構の中で最もよく知られた存在だ。

アーチ橋の表面はきちんと補修がなされ、その上を歩けるように、両側には欄干も整備されていた。さらには、レプリカのプラットホームが設けられ、その位置にはレールも再現、ホームの上には足湯まで設けられていた。以前は朽ちるに任せていたアーチ橋を、多くの人が立ち寄る観光資源に生まれ変わらせた点が素晴らしい。

ホームの先に立ってみると、温泉郷の全景を見渡すことができ、その向こうに津軽海峡を望むこともできた。

日が完全に落ちると、海面に漁火がゆらめくのを目にすることもできた。そんな光景を眺めていると、この13連のアーチ橋は、鉄道としての本来の役目を果たすことはなかったものの、与えられた新たな使命のおかげで、大間線として開業すること以上の幸運に巡り合えたのかもしれないと思えてきた。

森を一直線に横切る橋梁の美しさ

さらに先へとレンタカーを走らせると、大川尻沢、焼山沢、釜ノ沢のそれぞれに、大間線のための橋梁を架ける工事が行われた痕跡が残っていた。

大川尻沢橋梁は4径間のうち2径間だけに桁が架かり、釜ノ沢橋梁は橋台のみが存在するという、どちらも未完成の姿に終わっていたが、焼山沢橋梁だけは、すべての桁が架かった完成形としての姿を見せていた。

焼山沢橋梁は、夏は木々の緑に隠されて全体像を見ることが難しくなるが、冬枯れの時期に訪れると、コンクリート橋の全貌を見渡すことができるようになる。太い円柱形の頑丈な橋脚に支えられ、木々の奥を一直線に横切っていく姿は、文句なしに美しいと思わせるものだった。

大間線の工事終端のその先へ

大間線の工事終端は、桑畑駅予定地の少し先にある、国道の下をくぐっている小さな地下道と推定されている。ここから先の約5キロの区間には、前述のとおりで4箇所の駅が設けられることになっていたが、一部で用地買収が行われたのみで、工事は未着手のままだったとされている。

したがって、この先を進んでも、もう幻の遺構に遭遇することがないのはわかっているのだが、それでも、大間線が目指していた大間の町を見ずに引き返すのは物足りない気がして、そのままレンタカーを走らせた。

大間線のルートは、大間崎の先端まで行くのではなく、その付け根の付近でぐるりと向きを変え、奥戸駅へと至る計画だった。

一時は青函トンネル建設の有力候補地として名前が挙がった大間崎に実際に立ってみて驚いた。対岸の渡島半島がはっきりと見渡せたのだ。青函トンネルの北海道側の経由地の候補として名前が挙がっていた戸井線の汐首岬の付近も、どのあたりであるかが判別できるほどだった。

大間線を振り返ってみると、一度は大畑線として開業に漕ぎ着けたのちに廃止となった第一期線と、一度も開業せずに「幻」と終わった第二期線に命運は大きく分かれた。不憫といえば、どちらもそうであったが、第二期線は「幻」に終わったからこそ、そこにロマンが生まれ、地元の人たちによって勝機が見出された。そんな姿を見届けることができて、気持ちは晴れやかだった。

下風呂駅予定地付近のアーチ橋は遊歩道として開放されている

小赤川橋梁は土砂災害のあとの復旧工事で撤去されてしまった

実現しなかった大畑～大間間をイメージした駅名標も設置された

アーチ橋の上にはホームと待合室を思わせる足湯が整備された

足湯からは下風呂温泉の全景と津軽海峡の海原を見渡すことができる

下風呂温泉の歓迎看板のすぐ向こう側を大間線の幻の遺構が横切る

下風呂駅のホームへと続くはずだった階段は通路として使われ、2024年には下風呂アートトンネル「蒼の洞窟」が完成して公開されている

夏は木々の緑にすっかり隠されてしまう焼山沢橋梁であるが、冬枯れの時期だけは沢を横切っていく完成された全体像を見せてくれる

2023年 巡礼

カーブの先に貨車が停まる「幻」の貨物線

幹線鉄道級の頑丈なレールは展示用だった 「アウシュヴィッツ平和博物館」・福島県

「幻」の貨物線の存在を知ったのは、ほんの偶然からだった。ネットでたまたまワム80000形の有蓋車が目に留まり、きちんとレールの上に載せられた状態であったことから、どこにある貨車なのだろうと調べていくうちに、それが福島県白河市にある「アウシュヴィッツ平和博物館」で展示されているものだとわかった。

ぜひ一度、現地に行って実際の様子を見てみたいとの想いが強くなり、ついにそれが実現する日がやってきた。その日は幸いにも天候に恵まれ、現地に到着した時点で、お目当てのワム80000形の姿が目に飛び込んできた。

しかし、事前に博物館のことを調べた際に、大切なメッセージを広く伝えることを目的とした施設であることを理解したので、興味本位で貨車やレールのことばかりにフォーカスするのではなく、順序立てて博物館の展示を見せていただいて、そのあとで貨車やレールを見せていただこうと考えた。

博物館の名称にある「アウシュヴィッツ」と聞けば、それが第二次世界大戦時にナチス・ドイツによって占領地のポーランドに建設された大規模な強制収容所を指すことは、ほとんどの方が気付かれたであろう。この博物館では、史実に基づいた展示を通じて平和の尊さを伝えることを最大の使命としてきた。

この博物館が実現する前には、1988年から12年間にわたって、全国110の都市で巡回展が行われ、関係者も合わせると約90万人が訪れたという。この頃から、常設施設の実現が望まれ、2000年には、栃木県塩谷町で「アウシュヴィッツ・ミュージアム」として一度は実現に至った。しかし、建物の所有者の事情によって移転を余儀なくされ、2003年に現在の場所で開館に至ったという。博物館の建物には、茨城県玉里村(現・小美玉市)より移築さ

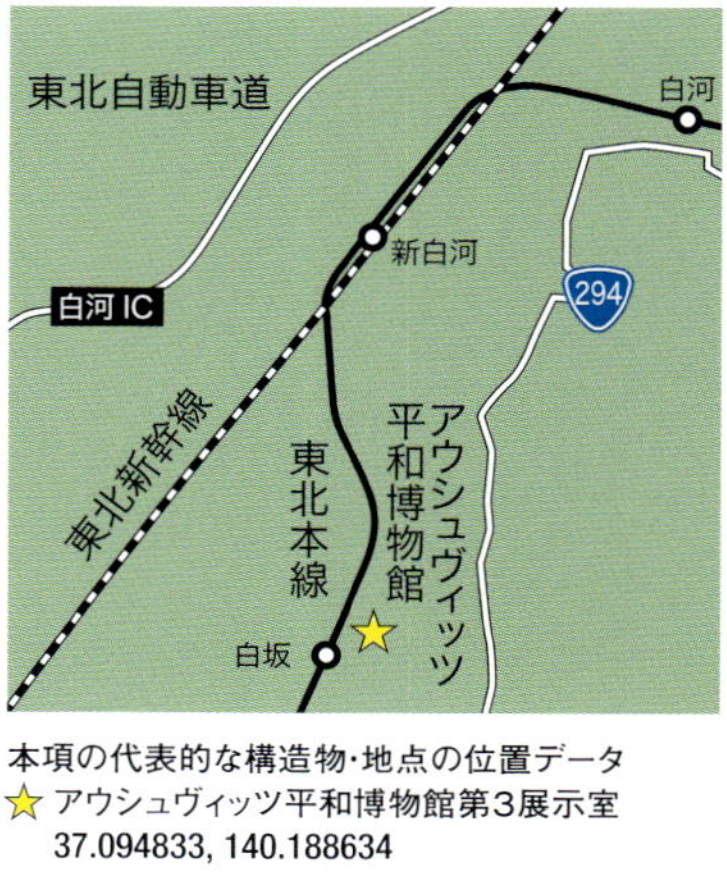

本項の代表的な構造物・地点の位置データ
☆アウシュヴィッツ平和博物館第3展示室
37.094833, 140.188634

れた江戸時代中期の古民家が使われ、工事には多くのボランティアが協力したそうである。

貨車の内部も展示室に

　館内では、さまざまな展示物や写真、パネルなどを順に見学したが、「アウシュヴィッツ」の歴史からどのような教訓を学ぶか、ということが来館者に問いかけられているように感じられた。

　そして屋外にある２両の貨車は、内部が「第３展示室」として活用されているのであった。なぜ貨車を展示室に用いたのかという点についても、きちんとした意味があり、それは「アウシュヴィッツ」においては、強制収容所に連行されてきた人たちが、貨車に詰め込まれるようにして運ばれてきたことによっていた。それを来館者に実感してもらうことに意図があったのだ。

　もちろん、国も違うので貨車の外観などはまったく異なっているのだが、人が乗るために造られたものではない貨車に詰め込まれることの悲惨さは、実物の貨車に身を置いてみることで、より具体的に伝わってきた。

貨車たちの素性とは

　第３展示室として使われているのは、ワム２８５７９３と、ワム２８５８５１の２両で、ともに１９７９年に三菱重工業で製造された15トン積みの二軸有蓋車だ。車体には「石巻港駅常備」のペイントが見られることから、日本製紙石巻工場からの製品の出荷に従事していたものと思われる。

　ワム２８５７９３の標記からは、最終全検が「平成11年４月２日　郡山車」、次回全検が「平成16年４月２日」であったことが読み取れたことから、その次回全検までの間に引退したことが窺われた。

　２両のワム８００００形が載るレールは全長で50～60メートルはあると思われ、バラストもしっかりと厚みがあることから、幹線クラスの貨物線を思わせるものだった。もちろん、ここを貨物列車が走ったという実績はなく、初めから展示用として敷設された「幻」の存在なのであった。

さまざまな点で意義深い

　ワム８００００形は、全部で２６６０５両が製造された、日本の鉄道史におけるレコードホルダーであるが、車輪付きの姿で保存されているケースは比較的少なく、いまや貴重な存在となっている。

　今回は貨車とレールの存在がきっかけで博物館のことを知り、現地を巡礼したことで、様々な史実に触れる機会を得たわけだが、本書で改めて紹介することで、貨車とレールのことだけではなく、博物館が伝えようとしているメッセージについても、関心を持っていただくきっかけになればと願っている。

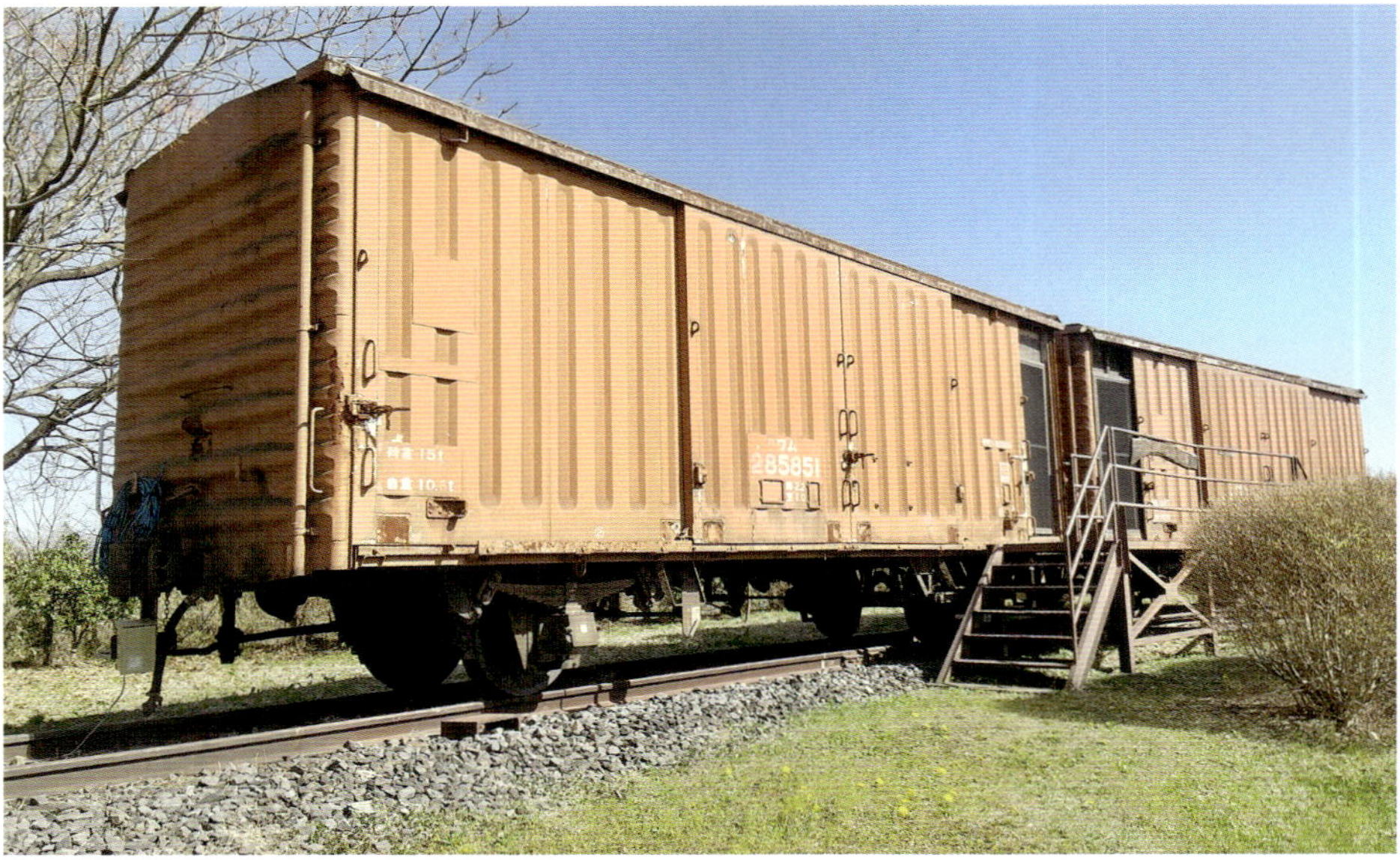

アウシュヴィッツ平和博物館の第3展示室として、ワム285793と、ワム285851の2両が幹線級に整備された線路の上に展示されている

第3展示室の内部では子どもの目に映った戦争についての展示が行われていた

2両のワム80000形は外観などもそのままで、いまや車両としても貴重な存在

バラストも厚い線路がカーブしながら続き、その上に貨車が載っている光景は、まるで本物の貨物線のように見えるが、すべてが展示のためのもので、貨物線としては「幻」の存在である

2024年 巡礼

観光資源として活かされ始めた「幻」の鉄道

未開業に終わった遺構がついに日の目を見た 「長倉線」・栃木県

栃木県と茨城県を隔てる八溝山地は、江戸時代から続く葉タバコの名産地で、中川、長倉、野口などの地区はその主要産地として知られていた。那珂川の流域でもあることから、砂利や石材なども豊富に存在した。しかし、四方のすべてが鉄道から隔絶してしまっており、産品を搬出する手段として、鉄道の敷設を願う声が古くから出ていた。

その熱意が実り、1928年、ついに長倉線の建設が決定された。ただ、実際の着工は、その翌年に世界恐慌と昭和不況という逆風が吹き荒れたこともあって延期され、工事が始まったのは1937年になってからだった。

助役の官舎まで完成したが…

茂木〜長倉間の約12キロのうち、茂木〜下野中川間の約6キロが南第一工区として工事が先行、延長約175メートルの大峯山トンネルも貫通して、1940年には竣工した。このときまでに全区間で用地買収が完了し、下野中川駅の予定地には助役の官舎まで完成していた。一部ではレールの敷設も行われたとする著述もある。

ところが、1941年に太平洋戦争が勃発、不要不急の新線建設にストップがかかり、長倉線も工事が中断してしまった。せっかく敷設されたレールも、金属回収により撤去されてしまったと著述では紹介されている。

戦後も建設促進の働きかけが熱心に行われたが、ついに工事が再開されることはなかった。

全国に存在する「幻」の鉄道の中でも、レールの敷設という最終段階まで漕ぎつけたところは多くはない。長倉線に関しては、レールが敷設されたかどうかは不確かな部分もあるが、かなりの完成度に達していたことは間違いない。そのぶん、沿線の人たちの期待も落胆も大きかったことであろう。

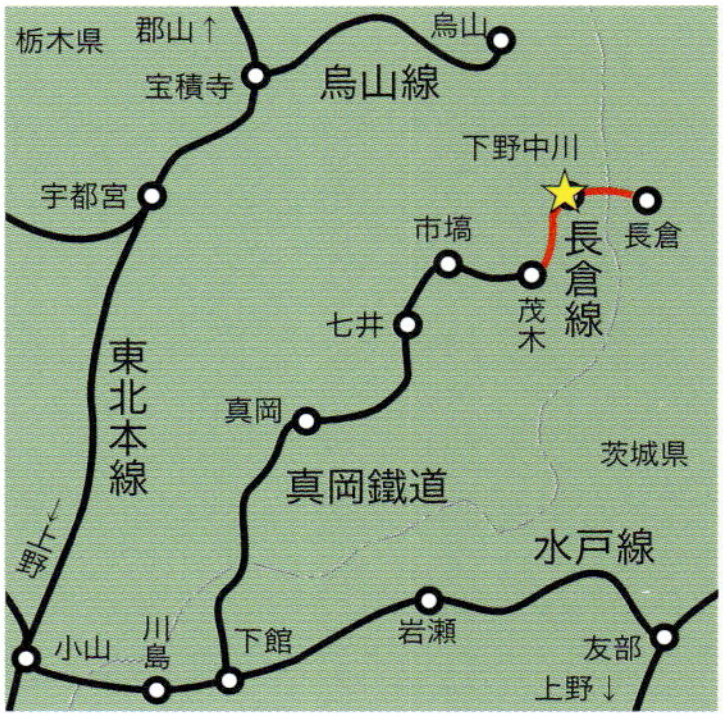

本項の代表的な構造物・地点の位置データ
☆ 下野中川駅予定地 36.570027, 140.209828

頑丈な幻の遺構が数多く残る

1940年には竣工していた茂木～下野中川間の約6キロの区間には、数多くの頑丈な幻の遺構が残っている。なにしろ、蒸気機関車が貨車や客車を牽引して通過することを前提として造られたのであるから、必然的に堅牢なものとなった。

いっぽうで、建設が放棄されてから80年以上が経ち、往来の邪魔になるとして、遺構が撤去されたところも少なくない。

長倉線の工事起点となった茂木駅のホームの先には、長くまっすぐに伸びるレールが続き、道路が横切る地点で途切れていた。長倉線のレールはここから続いていくはずだった。

その先には、以前ならば築堤が続き、その下をくぐる寺町ガード、上横町ガード、坂井川拱橋、八幡町ガードが存在していたが、それらはすべて撤去されて姿を消してしまった。

小井戸地区に差し掛かると、長倉線の遺構だとわかる築堤や切通しが再び現れた。小井戸川拱橋を渡った先にもカーブした路盤が続き、その奥に長倉線で最大の難所となった大峯山トンネルが開口していた。通常は通行禁止となっているが、後述のツアーに参加すると通り抜けることが可能となる。

この大峯山トンネルから下野中川駅の予定地にかけてが、長倉線のハイライトと呼ぶべき区間で、ここには規模の大きな後郷拱橋や、アーモンドを縦に置いたような断面が愛らしい行田川拱橋や金比羅拱橋、のどかな田園風景の中を横切っていく路盤などを見ることができる。

そして工事終端となった下野中川駅の予定地には、真岡鐵道から譲り受けたレールが敷設され、その上には国鉄時代に活躍した車掌車の「ヨ5101」が設置されていた。車掌車の前には国鉄様式の駅名標がレプリカで再現され、「幻」であったはずの下野中川駅が、目に見える形で姿を現していた。

「幻」の鉄道の理想的な活用法

長倉線の用地は、1984年以降に茂木町へ払い下げられ、2020年からは未完の鉄路を歩くツアーの企画が立案されて実行に移された。前述の大峯山トンネルの中を歩くことができるのも、このツアーの特典の一つで、下野中川駅ではヨ5101の車内見学も可能となっている。参加申し込みのサイトを見てみたが、すでに満員となっているほどの人気ぶりだった。

「もし、ここを列車が走っていたら」と妄想を膨らませながら歩くツアーは、参加者にも好評であるという。これは、「幻」の鉄道が共通に持つ魅力であり、まだ活かされていない全国の幻の遺構にとっても、この長倉線での取り組みは、大きなヒントとなるかもしれない。

カーブの向こうに長倉線で最大の難所となった大峯山トンネルが開口している。レールさえあれば今にも列車が走ってきそうなほどの雰囲気だ

後郷拱橋は現代にあっても支障なく自動車交通に供されており、造られた戦前の当時としては比較的規模が大きいほうであったと考えられる

アーモンドを縦に置いたような断面が愛らしい金比羅拱橋。すぐ近くにある行田川拱橋も同様の断面となっており、優美な曲線が印象的だ

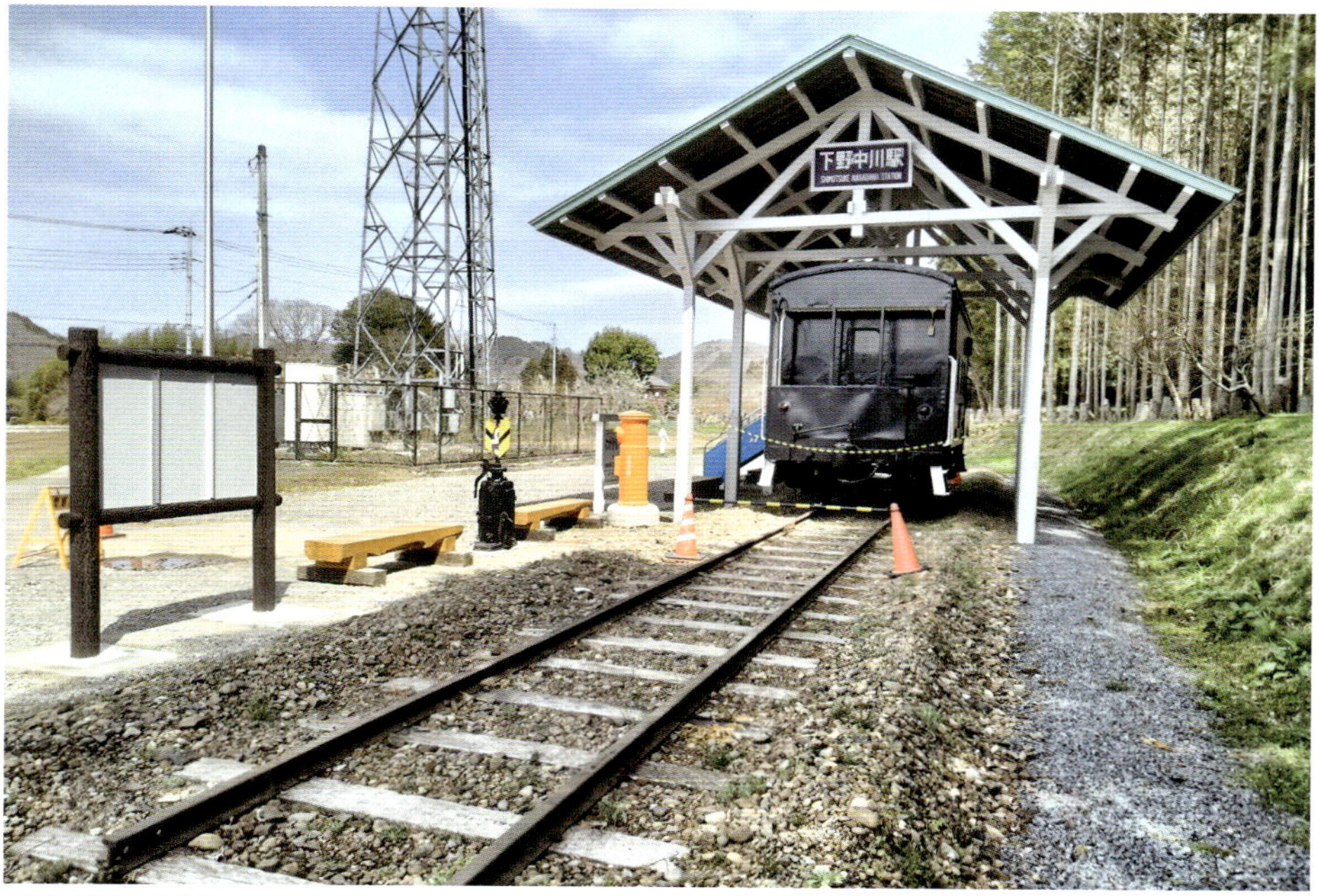

下野中川駅の予定地には真岡鐵道から譲り受けたレールが敷設され、国鉄時代の車掌車も展示、幻だったはずの駅が目に見える形となった

秩父直通列車が走るはずだった「幻」の用地

2024年巡礼

まだ実現の芽が残されている夢ある空き地 「飯能短絡線」・埼玉県

池袋駅から西武秩父駅まで直通する001系特急「ラビュー」に乗り込むと、頭上から膝あたりまで広がる大きな窓で眺望を存分に楽しむことができる。飯能駅から先では、高麗川に沿った山間部へと分け入ってゆき、車窓の緑も濃くなってゆく。ところが、この飯能駅から先で列車の進行方向が逆となり、座席を方向転換しない限り、後ろを向いたまま景色がどんどん流れていってしまう。このことには、株主総会で不満の声が上がったほどだった。

飯能駅で線路が行き止まりとなっている関係上、そこから西武秩父方面へ直通しようと思えば、列車は折り返すしかないのであるから、こればかりは仕方ないと諦めるほかないように思える。しかし、実はそれを解消しようと新たな線路の敷設が計画されたことがあり、実際に用地買収までが行われたのだ。では、なぜ列車がいまも飯能駅で方向転換をしているかというと、用地買収まではなされたものの、まだレールが敷かれていないからだった。

当初はまっすぐ伸ばす計画だった

飯能駅が開業したのは1915年のことで、その先も吾野方面へはまっすぐに延伸することが計画されていた。その計画が変更になったのは、八王子駅から伸びてくる八高南線（現・JR八高線）に東飯能駅が設置されることになったためで、吾野方面に向かう途中で東飯能駅を経由するルートが採用されることになったのだ。

ところが、飯能駅から吾野方面は北西方向で、東飯能駅は北東方向と逆であった。そこで、飯能駅で折り返す現在の線形となったわけだった。

吾野駅が終点で、ローカル輸送に徹していた頃は、この線形でも、貨物列車で機関車の付け替えが生じる程度で、大きな問題とはなっていなかった。

本項の代表的な構造物・地点の位置データ
★ 飯能短絡線の古レール柵　35.847707, 139.326108

西武秩父線の開業で事態は一変

その事態が大きく変わったのは、吾野駅から先で西武秩父線が開業したからだった。西武秩父線の開業目的には、セメントの貨物輸送と、有料特急による観光輸送があり、それらはいずれも、飯能を跨いで直通運転を行うことが前提となっていたのだ。そこで、西武秩父線の建設と同時に、飯能駅の手前から東飯能駅へと直結する短絡線の整備も行うことが計画され、前述のとおりで用地買収が進められたのだった。

難航するうちに状況が変化

1969年に西武秩父線は開業し、1000トン級の重量貨物列車が行き交うようになり、池袋駅と西武秩父駅との間には特急「レッドアロー」の運転も開始された。ところが、短絡線のほうは、わずか500メートルほどの距離でありながら、市街地であったため用地買収が難航、1980年代後半になってようやく用地買収が進捗した。

ところが、その頃には貨物輸送がすっかり斜陽化し、1996年には廃止となってしまった。特急列車が飯能駅を素通りすることへの反対意見も根強く、それ以来、短絡線の計画が前向きに進むことはなくなってしまった。

思った以上に整備されていた現地

池袋方面からの電車が飯能駅に到着する直前、かつて笠縫信号場があった付近から右に向かって、草が生い茂った空き地が、緩やかなカーブを描きながら分かれていくのが見えた。これが飯能短絡線の現在の姿だった。

飯能駅で下車して短絡線の近くまで行ってみると、草が繁茂していたのは池袋線寄りだけで、その先はきちんと舗装がなされ、古レールで組まれた柵が整然と境界を区切っていた。

レールさえ敷いてしまえば、立派な短絡線がすぐにでも完成しそうに見えたが、その最後の一歩が乗り越えられずに40年近くが経過しているのであるから、あと少しが難しいのは確かだ。

短絡線は無理でも、舗装までされているのであるから、月極駐車場ぐらいには活用できないものだろうかと思いながら現地を眺めたが、それも実現していないということは、なにか別の事情が隠れているのかもしれない。

まだ実現の芽は残されている!?

ただ、一つだけ幸いな点は、この短絡線は実現が完全に放棄されたわけではなく、無期限の休止という扱いになっていることだ。すなわち、将来において需要が大きく伸びると判断された場合には、整備が再開されて実現する芽が残されているのだ。果たしてそのような日が来るのか、それとも「幻」のままに終わるのか、いまのところは静観することしかできない。

市街地の中に伸びる飯能短絡線の用地。わずか500メートルほどの距離であるが用地買収が難航、その間にすっかり情勢が変わってしまった

かつて笠縫信号場があった付近から短絡線の用地がカーブを描きながら分かれていく。今は草が生い茂った空き地が広がるばかりだ

池袋駅から西武秩父駅へ向かう001系特急「ラビュー」が飯能駅を発車した直後のシーン。ここで進行方向が逆になってしまうことが課題だった

鉄道の予定地だけに、境界部分を護る柵には古レールが使われている。レールが地面に垂直ではなく、平行に敷かれる日は来るのだろうか

2024年 巡礼

夢の島を縦断するはずだった「幻」の貨物線

幹線道路に沿って長く続く空き地は夢の跡 「南砂町線」・東京都

JR京葉線の新木場駅の前から夢の島の西側を貫いて、まっすぐ北へと伸びていく片側3車線の広い道路は、東京都北区王子まで続く都道306号線で、大部分が明治通りとなっている。トラックやバスをはじめ、多くの自動車が行き交っている光景を目にすることができるが、ただでさえ広い明治通りの西側には、さらに約10メートルもの幅の空き地が続いている。一見すると道路の拡幅用地のような印象を受けるが、実は国鉄時代に貨物線を通すために東京都が確保したスペースだった。

その貨物線の名称は「南砂町線」といい、もともとは貨物線として建設された京葉線と、「越中島支線」の通称で呼ばれている総武本線貨物支線とを直結する目的で計画された。

現在は東京臨海高速鉄道りんかい線として運営されている区間も、元は貨物線として計画されたルートで、現在では周辺で開催されるイベントへの来場者で賑わう国際展示場駅も、本来は「有明貨物駅」となるはずの場所だった。南砂町線の骨格となる区間も、越中島駅（現・越中島貨物駅）～有明貨物駅間の4・6キロに設定されていた。このように、南砂町線が計画された当時の臨海部は、貨物線が縦横に走る物流拠点となるはずだったのだ。

「幻」の南砂町線沿いを歩く

新木場駅に降り立ち、夢の島交差点に立つと、緑に囲まれた大規模な競技場が東西の両側に広がり、ここに南砂町線の貨物線の高架橋が縦断していく姿を想像することさえ難しい。

それでも、東西の緑地を繋ぐ「かもめ橋」の上に立って眺めると、明治通りに沿って雑草が茂る空き地がはるか先まで続いているのが見え、計画は確かに存在したのだと実感できる。

大都会の真ん中に、緑のじゅうたん

本項の代表的な構造物・地点の位置データ
☆ 南砂町線の眺望地点　35.650339, 139.824743

が一直線に続いていく光景は場違いのようにも思えるが、そのことを不思議に思う人は少ないのだろうか、南砂町線の存在についてもほとんど知られていない。

南砂町線は全線にわたって未着工であったため、砂町運河を渡る部分についても、橋台や橋脚などの幻の遺構は見られなかったが、運河を越えた先には、再び南砂町線の用地が続いていた。

無断駐車や不法投棄を避けるためだろうか、空き地を取り囲むようにフェンスが設けられ、「都有地につき立入禁止　東京都東京港管理事務所」の看板がいくつも掲げられていた。

新東京郵便局や、物流大手各社の大規模な倉庫などが立ち並ぶエリアを進むと、塩浜通りがぶつかる新砂一丁目交差点に差し掛かり、その手前で左へと分岐する越中島貨物駅への連絡線が計画され、南砂町線はそのまま直進して越中島支線と合流するはずだった。

熱い視線が注がれる南砂町線用地

江東区の城東エリアと臨海エリアを南北に縦断するように連続する南砂町線の用地には、貨物線が建設される可能性が無くなった現在、別の目的で活用しようと熱い視線が注がれている。

それが亀戸駅と新木場駅との間を結ぶ「ＬＲＴ（ライトレールトランジット）」の構想だ。まだ未活用の南砂町線用地だけでなく、現在では一日に数本程度のレール輸送列車が走るだけの越中島支線も活用して、約6・3キロの区間を約15分で結ぼうというのがその骨子だ。全部で11の駅を設けて、広島電鉄や熊本市交通局で導入されているような連接タイプの路面電車を10分間隔で走らせ、一日当たりの利用客を約3万人と見込むという、なかなか壮大なプランだ。

さらに将来は、亀戸駅から北方、そして新木場駅から南方の東京へリポート、若洲方面へ延伸することまでビジョンに入っているというから驚きだ。

東京都江東区では、２０２４年4月に「臨海部都市交通ビジョン」を策定し、約20年後の２０４０年代前半までを見据えた展望の中に、このＬＲＴ構想を掲げ、臨海部の開発促進や、明治通りの自動車交通量の抑制などの効果が見込めるとアピールしている。

貨物線として計画されながら、旅客線に転用されて成果を上げたケースとしては、新木場駅で接続する京葉線やりんかい線が、まさにその好例でもあり、南砂町線の用地や、越中島支線に関しても、あるいは構想が前向きに進んで行く可能性も考えられる。

今は大都会には場違いな緑のじゅうたんも、もしかすると、未来にはＬＲＴが行き交い、「昔はここを貨物線が通る幻の計画があったんだよ」と笑い話のように語り継がれる日が来るかもしれない。

両側に夢の島の競技場を囲む緑が広がり、明治通りに沿った空き地が南砂町線のための用地だった。左前方にスカイツリーが見えている

砂町運河を渡った先にも南砂町線のために確保された用地が続いていた

南砂町線は左前方から伸びてきて越中島支線に合流する計画だった

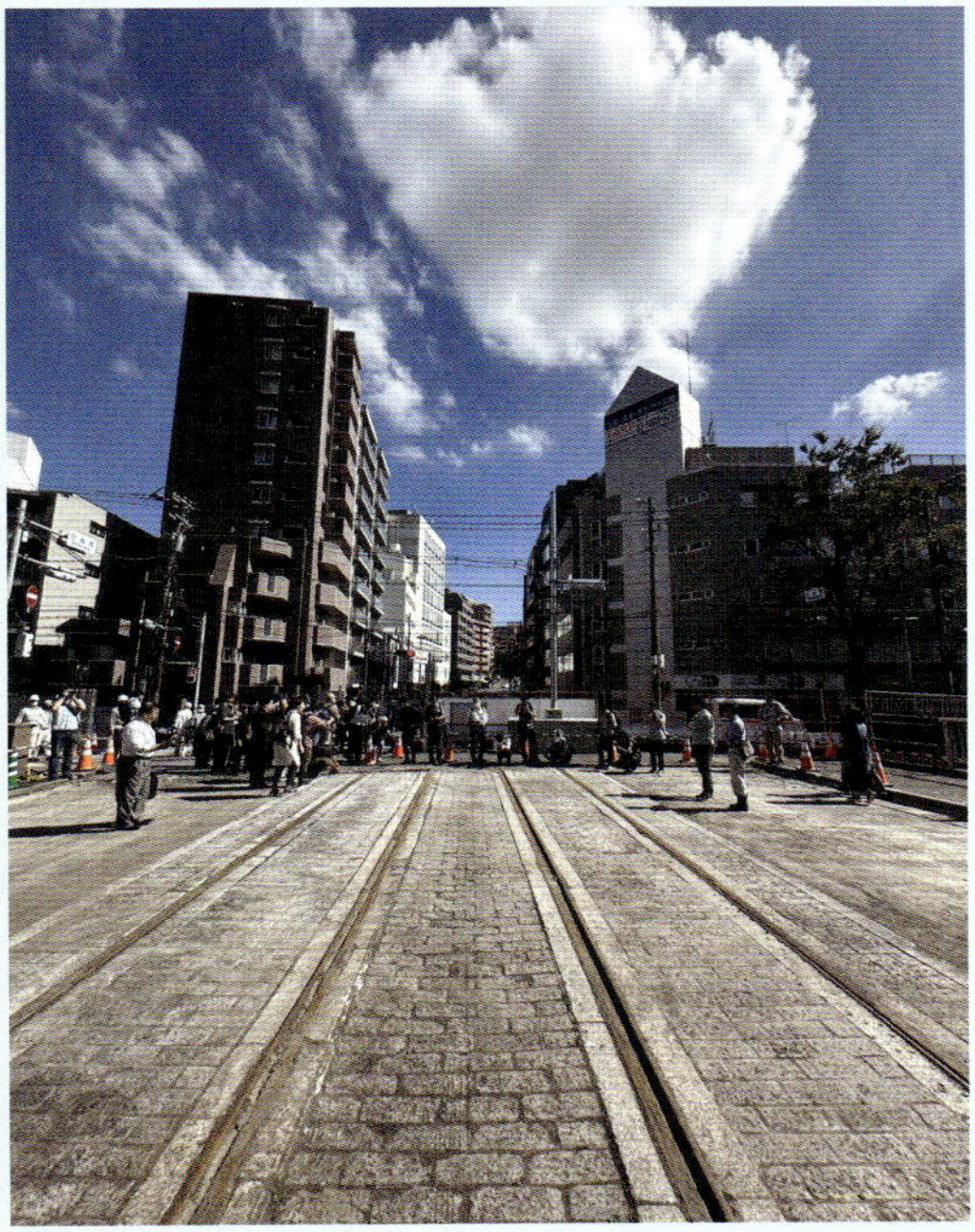

56年ぶりに現れ
再び「幻」と消えたレール

東京都文京区と新宿区を隔てる神田川に架かる「白鳥橋」で、架け替え工事のためにアスファルトを除去したところ、その下から複線分のレールと、整然と敷き詰められた御影石とみられる敷石が姿を現した。都電39系統が運行されていた軌道で、1968年の運行終了から56年ぶりの出現だった。2日間の公開で約2000人に見送られ、再び「幻」と消えていった。

白鳥橋の上には大曲停留所があり、橋の欄干のところに「大曲」と看板が取り付けられていた。電車が到着すると、乗客は車道を横切って乗車していた。

橋上の部分だけは小型の敷石が使用され、その前後の道路部分に使用された大きな敷石とは異なっていた。

掘り起こされた溝付きレールの末端部分。2日間限定の見学会で公開され、多くの人の注目を集めていた。

4線分のスペースが物語る「幻」の大環状線

歴史の「もしも」は東京の街の真ん中にもある

「東京山手急行電鉄」・東京都

2024年 巡礼

東京の都心部で円を描くように走る山手線、その外側に、約50キロもの巨大な半円を描くように計画された「幻」の大環状線の構想が存在した。それが「東京山手急行電鉄」であった。

免許時から一度変更が加えられた後のルートは、大井町駅を起点として、自由が丘駅、梅ヶ丘駅、明大前駅、中野駅、江古田駅、板橋駅、駒込駅、田端駅、北千住駅、鐘ケ淵駅、平井駅の付近を経由して洲崎駅へと至るというものであった。駅名は現在のものに置き換えたが、もしこれが実現していたら、首都圏の交通事情は現状とは大きく異なっていたことが想像された。

全線を掘割で建設!?

計画の壮大さは路線延長だけにはとどまらず、全線にわたって地面を掘り下げて建設し、既設の鉄道線とは立体交差にするというプランにもあった。掘り下げの際に発生する土砂は、沿線の沼地の埋め立てに使い、その土地を住宅用地として分譲することまで計画されていた。

1927年には、東京山手急行電鉄に対して免許の交付がなされ、投資家たちの関心も大いに集まったという。ところが、会社の立ち上げからまもないタイミングで世界大恐慌が襲い、たちまち資金に窮することになってしまった。

そこで東京山手急行電鉄は小田原急行電鉄（現・小田急電鉄）の創業者である利光鶴松の傘下に入り、同じく傘下に入った渋谷急行電鉄と合併、1933年に帝都電鉄と社名を改めた。

渋谷急行電鉄が免許を持っていた渋谷〜吉祥寺間は順次開業し、現在の明大前駅で東京山手急行電鉄の免許線と接続する計画になっていた。このため、構内には2面4線のホームが整備されることになっていた。

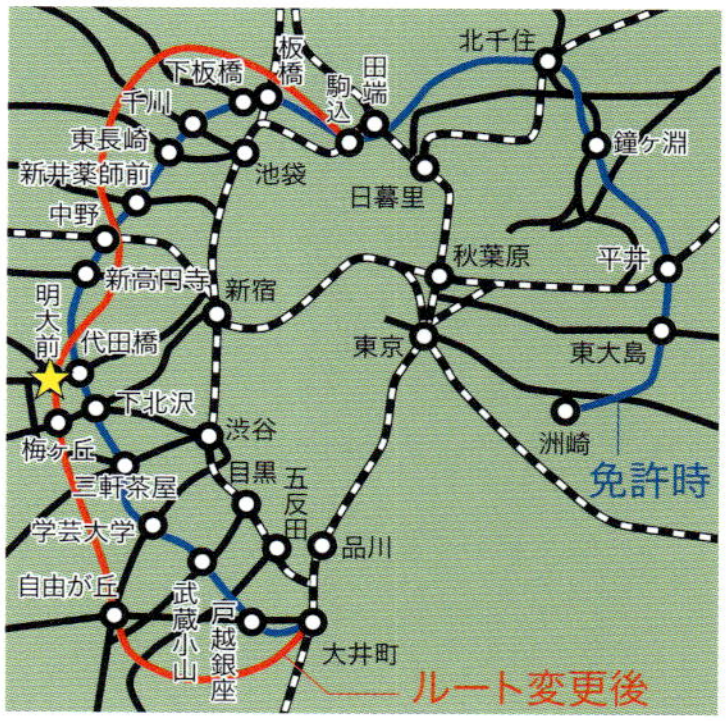

本項の代表的な構造物・地点の位置データ

★ 玉川上水水道橋　35.671299, 139.650039

4線のスペースが夢を物語る

渋谷急行電鉄の免許線であった渋谷〜吉祥寺間は、現在でも京王電鉄井の頭線として走り続けているが、東京山手急行電鉄の免許線のほうは、用地買収が難航し、戦時下で資材の調達も進まず、１９４０年には計画が中止となってしまった。

両線の乗り換え駅となるはずだった現在の明大前駅については、設計段階の図面も発見されており、そこには2面4線の構造だけでなく、構内のレールの敷設位置や分岐器の位置、東京山手急行電鉄のための出発信号機の設置位置まで書き込まれていた。

現在の明大前駅は2面2線の構造となっており、設計段階の2面4線とは異なっているが、その北側で甲州街道や玉川用水をくぐる下部構造には、はっきりと4線分のスペースを見て取ることができる。

都内でもレアな「幻」の遺構として、これまでさまざまな媒体で採り上げられてきたが、全国的に見ても、4線分の構造が完成し、2線分だけが使用され、残る2線分がこれだけ長期にわたって未使用というケースは非常に珍しい。

近くの道路からじっくり眺めてみると、コンクリートはすっかり黒ずんで、ところどころに植物も絡みつき、すっかり威厳が備わっていた。ただ、上部構造の北側の部分は通れなくなっており、あるいは欄干部分の老朽化などが影響しているのかもしれない。渋谷〜井の頭公園間が開業したのが１９３３年であるから、すでに90年以上が経過しており、むしろよく持ちこたえているほうだと言える。

そして、東京山手急行電鉄のために準備されていた2線分の線路敷は、何の用途にも供されないまま、ぽっかりと空いた間隙として、やはり90年以上が経過してしまったわけだ。

両側とも擁壁は未着工

東京山手急行電鉄の計画は壮大であった割に、その痕跡として明確に見られるのはこの玉川上水の水道橋ぐらいのもので、その前後でさえ、掘割の開削は行われておらず、擁壁は井の頭線の2線分だけに留まっていた。

東京山手急行電鉄は、計画では明大前駅を出発したのち、北東の方角に位置する中野駅を目指すはずだったが、ここから先では用地買収も進まなかったようで、現地を歩いてみても、戸建て住宅がぎっしりと建て込んでおり、鉄道を通過させるための用地を準備した形跡というものは見出せなかった。

東京の真ん中にある歴史の「もしも」は、実現していれば、その恩恵には計り知れないものがあっただけに、残念と言うほかないが、ぽっかりと空いたスペースが、現実の厳しさを教えてくれていると言えよう。

「第2山手線」として期待された東京山手急行電鉄だったが、建設はほとんど進まず、姿を現したのは玉川上水水道橋が唯一だった

4線分が造られたうち、西側の2線分は現在も京王井の頭線の電車が行き交っている。架橋から90年以上が経過し、貫禄も感じられる

玉川上水水道橋の南側では、東京山手急行電鉄が通過するはずだった斜面が未開削の状態で、進捗率が低かったことがわかる

越前と美濃の直結を意図した「幻」の縦貫線

ついに結ばれることはなかった北線と南線 「越美線」・福井県〜岐阜県

2019年 2020年 巡礼

全国の鉄道には、「○○北線」と「○○南線」、あるいは「○○東線」と「○○西線」のように、路線名が二分されているケースがある。中には紀勢本線のように、建設過程で「紀勢東線」、「紀勢中線」、「紀勢西線」の三つに分断されていたケースも存在し、途中で西線と中線が繋がって、全通時にようやく「紀勢本線」として一本化された。

路線名が南北、あるいは東西で分断されていても、建設そのものは完結しているケースがほとんどであるが、全国でも唯一の例外として、完結しないままで現在も営業が続けられているのが、越美北線と越美南線だ。

全通まで残り約24キロだった

「越美線」は、越前と美濃を結ぶ全長約１５０キロの鉄道として計画され、北側と南側から、それぞれ越美北線、越美南線として工事が開始された。

越美南線では、１９２３年に美濃太田駅と美濃町駅（現・美濃市駅）との間が開業、１９３４年には北濃駅までの72・１キロが開業した。

いっぽう、越美北線は１９６０年に南福井駅と勝原駅との間が開業、１９７２年に九頭竜湖駅までの52・５キロが開業した。越美線の全通まで、残りはあと約24キロだった。

収支計算の数字は厳しく…

しかし、未着工で残っていた九頭竜湖駅と北濃駅との間は地形も険しく、人口も極めて少ない地域だった。

１９６５年にルートの調査が行われ、１９８６年には「国鉄越美線全通対策同盟会」の手で改めて需要予測や収支計算が試みられたが、石徹白を経由する、距離がもっとも短くなるルートを採用しても、工事費は約３５０億円にも上ると見積もられ、実現は極めて困難であると結論付けられてしまった。

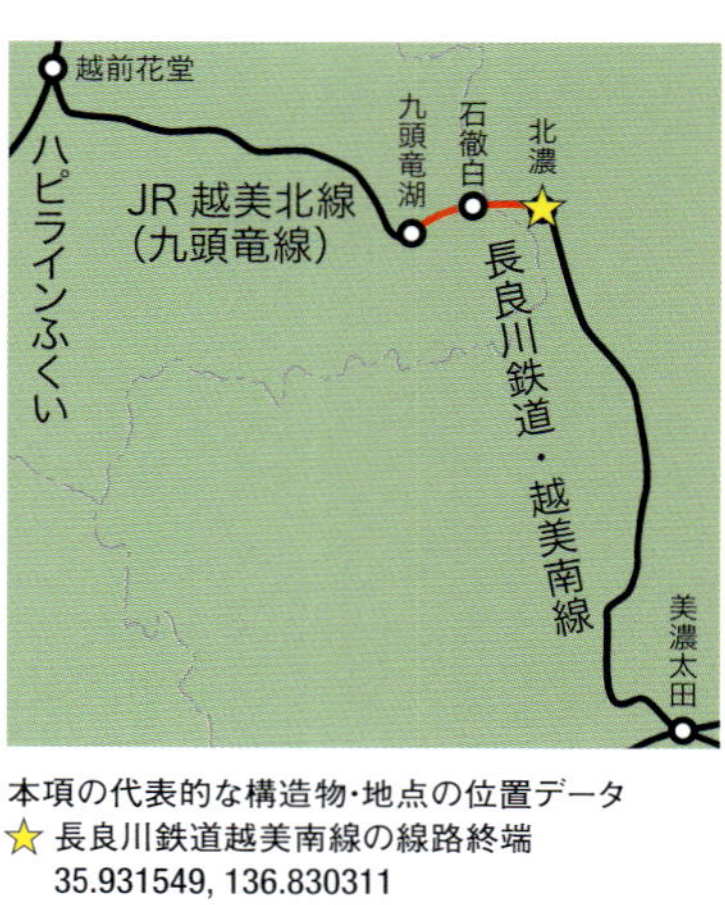

本項の代表的な構造物・地点の位置データ
☆ 長良川鉄道越美南線の線路終端
35.931549, 136.830311

人気が高い「幻」の区間

このように、九頭竜湖駅と北濃駅の間は、ルートの検討が行われたにとどまり、建設の痕跡である「幻」の遺構というものは存在していない。後述するが、両駅の間を繋ぎたかったという空気感が、意味ありげに伸びて途切れるレールから感じ取れる程度である。

それでも、この幻の区間の人気は高く、「バスで未完成に終わった北濃～九頭竜湖間付近を走行！」を目玉としたツアーが、名古屋駅発着で企画されているほどである。この区間が人気を集める理由を考えてみると、幻というキーワードに加えて、無念の終端駅として終わった南北それぞれの駅に、とても風情が感じられることも関係しているのではないかと思われた。

それぞれに魅力的な終端駅の表情

特に魅力的なのが越美南線の終端駅となっている北濃駅だ。駅の構内のレールが集まってきて一本になったあと、少しカーブした先の草むらの中で果てていた。まだこの先も続いていくはずだったことを、レールが訴えかけているように感じられた。

越美北線の終端駅の九頭竜湖駅の表情も印象的で、スラリと伸びてきたレールが、ホームの先でいきなりプッツリと途切れ、まだ途中段階だと無言で訴えかけているようだった。

ＤＭＶで全線直通が可能に！

越前と美濃を鉄道車両だけで直結することは「幻」に終わってしまったが、「ＤＭＶ（デュアル・モード・ビークル）」という車両を活用すれば、同一車両で直通するという夢は実現が可能だ。

ＤＭＶとは、鉄道のレールと道路の両方を走行できる車両のことで、２０２１年から四国の阿佐海岸鉄道で世界初となる本格運用が開始された。

このＤＭＶの最大の利点は、乗り換えなしで鉄道の区間とバスの区間を直通できることにあり、ほかにも、普段の営業区間とまったく別の場所へも、道路を経由して赴くことが可能といった利点も持つ。実際、２０２４年10月に東京のお台場で開催された「鉄道フェスティバル」では、四国からＤＭＶが会場まで走って来てお披露目され、大いに注目を集めた。

１９２３年に越美南線の最初の区間が開業して以来、１００年余りもの間、誰も体験することができなかった越美線の全線直通が、ＤＭＶを持ってすれば実現が可能という点で、とてもロマンがある。ＤＭＶの弱点の一つに、乗車定員が少ないために、収益が確保しにくいことが挙げられるが、その点は、初めから全線直通を目玉にしたツアー専用車として運用すれば、クリアが可能であろう。いつか、そんな夢が実現する日が来ることを期待したい。

九頭竜湖駅には1日5本の列車が発着するが、一日の乗車人員は合計10人ほどで、2030年度までに無人化が予定されている

越美北線の線路はホームの少し先で唐突に途切れている

九頭竜湖駅の駅舎は1987年に建てられたログハウス風の建物

2002年まではJR東海バス大野線が九頭竜湖駅と美濃白鳥駅を結んでいた

DMVであれば、越美線の全線を同一車両で直通することも夢ではない

北濃駅の構内の端では線路が集まってきて1本にまとまり、その先もまだ続いていきそうな雰囲気を感じさせる。幻の終端駅ならではの風情だ

反対の終端側を見てみると、カーブした先の草むらでレールが途切れていた

美濃太田駅から2時間強、北濃駅に到着したナガラ500形503号車

北濃駅の駅舎は1934年の開業当時の建物が現在も使われている

転車台は現存するものでは二番目に古い1902年のアメリカン・ブリッジ製

電化まで計画されていた「幻」の高規格鉄道

ライバルは中央自動車道とリニア新幹線…「中津川線」・長野県〜岐阜県

２０２４年 巡礼

長野県南部の主要都市として知られる飯田市は、東側に南アルプス、西側に中央アルプスが連なり、その両者に挟まれた伊那谷に沿って暮らしが息づいてきた。大消費地としては名古屋がもっとも近いが、その間を遮るように中央アルプスが立ちはだかっているため、古くから交易に不便を抱えており、近代以降にはその克服に力が入れられてきた。その具体的な結実となったのが、１９７５年に開通した中央自動車道で、このときには恵那山トンネルが完成して駒ヶ根インターチェンジ〜中津川インターチェンジ間が結ばれた。

この中央自動車道と並行するように、飯田駅と中津川駅を直結するルートで計画されていたのが「中津川線」だった。当初の開業目標は、中央自動車道とほぼ同時期の１９７４年とされていた。

中津川線の工事も進められたが…

中津川線は、飯田〜中津川間、36・７キロを結ぶ計画で、途中には伊那中村、伊那山本、阿智、昼神、神坂、美濃落合の各駅が設置されることになっていた。最大の難所と目されていたのが全長１３、３７５メートルの「神坂トンネル」で、トンネルの中に夜烏山信号場と富士見台信号場が設けられる予定となっていた。

１９６６年には工事実施計画が承認され、翌年には二ツ山トンネルの掘削が開始された。１９７２年には神坂トンネルの試掘も始められたが、ボーリングの工事中に温泉が湧出してしまい、さらには掘削機械の故障、国鉄再建法の施行の影響による鉄道新線への予算凍結などが重なって、１９８０年に工事が中断してしまった。

中津川線と並行するように工事が進められていた中央自動車道のほうは、当時としては日本一長い道路トンネルであった恵那山トンネルも無事に貫通

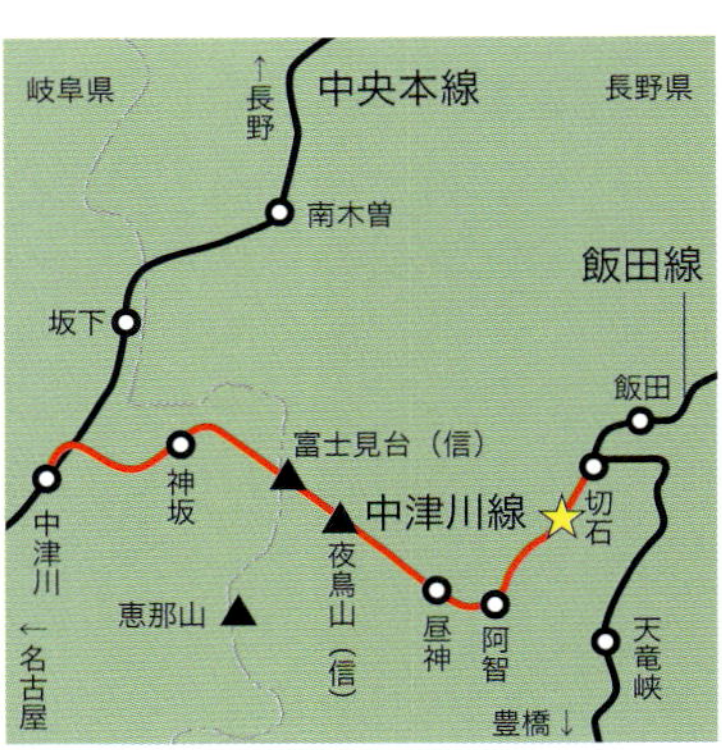

本項の代表的な構造物・地点の位置データ
☆ 茂都計川橋梁　35.485047, 137.784656

し、前述のとおりで1975年には開通を迎えたというのに、中津川線の運命は、これとはかけ離れた痛々しいものとなってしまった。

チャンスはあと一度だけあった

ただし、中津川線にも、あと一度だけチャンスは巡ってきた。それは、建設が中断となった鉄道新線でも、地元で第三セクター鉄道などを設立して引き受けの意思を示せば、工事を再開できるという取り決めがあったからだ。

中津川線の場合は、電化に対応した高規格の設計となっており、もし開通すれば、それまで飯田駅から名古屋駅まで急行電車で約4時間を要していたところを、半分以下にまで短縮できると見込まれていた。

それでも、地元から中津川線を引き受けようという声は上がらなかった。すでに飯田と名古屋の間には高速バスが走っていたし、飯田と名古屋の間には中央新幹線の計画まで存在していたからだ。しかも中央新幹線は、現在ではリニアモーターカーによる開通を目指して工事が進められており、いくら中津川線が高規格で設計されたといっても、到底かなう相手ではなかった。

姿を変えていく幻の遺構

こうして、工事再開の芽も摘まれてしまった中津川線は、確保されていた用地が次々と切り売りされていった。

伊那中村駅から伊那山本駅の予定地にかけては、当時の建設省へと売却され、山本小学校北交差点より南側では、国道153号線の歩道部分や擁壁の一部として取り込まれた。このため、ほぼ完成にまで達していた路盤は、すっかり姿を消してしまった。とりわけ、路盤の工事終端付近には、中央自動車道と三遠南信自動車道が接続する飯田山本インターチェンジが新設されたため、景観は一変していた。

それでも、国道用に新たに構築された擁壁の上部には、中津川線のために造られた擁壁の一部が顔をのぞかせていた。擁壁の上にはコンクリート製の柵や、「工」の文字が入った用地境界杭も複数が現存し、わずかだが往時の面影に触れることができた。

その先の阿智村昼神地区は、神坂トンネルのボーリング中に温泉が湧いたことで、高級ホテルや旅館が立ち並ぶ温泉郷へと姿を変え、良好な泉質は美肌の湯として評判を呼んでいる。

神坂トンネルの土捨場として確保されていた用地は、当時の国民年金健康保養センターに売却され、現在では「阿智の里ひるがみ」として運営されている。阿智村は、環境省認定の「星が最も輝いて見える場所」の第一位に選ばれたこともあり、空を見上げる観光客は多いに違いないが、足下を中津川線が走る予定だったことに思いを馳せる人は少ないかもしれない。

茂都計川をわたる区間では、高い築堤と橋梁が一直線に田園地帯を横切っている。防草シートで覆われた築堤はまるで完成したてのように映る

ボックスカルバートの内側はまだコンクリートもきれいな印象で、完成から60年近くも無意味に所在していることがちょっと信じられない

築堤の上からは南アルプスの山並みを見渡すことができ、前方には飯田の市街地が広がる。これまで活用されてこなかったことが惜しまれる

二ツ山トンネルは延長1564mで、電化を前提とした1号型となっており、1967年11月21日に着手、1969年6月12日にしゅん功している。

南アルプスを一望の築堤

宿泊していたホテルで自転車を借りて中津川線のルートをたどったが、アップダウンの連続には泣かされた。

飯田市は坂の多い街として知られるが、それは河川の浸食による起伏の多い地勢であるためで、中津川線が分かれていく予定だった切石駅の前後でも、飯田線は松川を渡るために上流側にさかのぼるように大きく迂回している。

ようやくたどり着いたのが長清寺の付近で、ここからは中津川線の用地買収が行われ、県道を越えた先では「おひさま公園」として開放されていた。

その公園から先、二ツ山トンネルにかけては、遠くに南アルプスの山並みを望みながら、一直線に築堤が伸びており、まさに壮観の一言に尽きた。

中津川線はもともとの工事進捗率があまり高くなかったことに加え、幻の遺構も次々と姿を消していったため、計画されていた全区間の中でも、その姿をはっきりと捉えられる箇所は意外と限られている。

そうした中で、二ツ山トンネルと、そのトンネルを挟んで両側に続く築堤は、とても鮮やかに、中津川線がどのような姿になるはずだったかを浮かび上がらせていた。

ハイライトは茂都計川橋梁

両側には田んぼが広がっているため、築堤の上を歩いていても、怖さを感じることはなかったが、茂都計川を越えていく辺りで下を覗き込んでみると、意外にも高さがあることを知り、クラクラしてしまいそうなほどであった。

茂都計川の畔まで下りて、橋梁を見上げてみると、頑強そうなコンクリートの桁で川を一跨ぎにしており、その姿には逞しさが感じられた。

はめ込まれた銘板をカメラの望遠レンズで拡大して見てみると、「しゅん功昭和43年3月10日」の文字が読み取れた。完成から60年近くが経とうというのに、一度も活用されたことがないという事実は改めて悲しいものだ。

幻の遺構の理想的な転用法

築堤はなおもまっすぐに続き、二ツ山トンネルへと吸い込まれた。現在は柵で封鎖されているが、昔は地元の人たちが行き来できたという。

トンネルを抜けた先でも築堤が続くが、久米川との交差地点では橋台が完成したところで工事が中断し、桁は架けられることなく終わった。

その南側の橋台には路盤まで上がる階段が設けられ、ここから300メートルほどは、両側に柵が設けられていた。近くの山本小学校へ通う児童の通学路として使われているためだった。他の道路とはすべて立体交差となるよう設計されているため、通学路への転用はまさに理想的と言えた。

その先が、前述のとおりで国道153号線の歩道部分や擁壁に転用された区間で、その区間より先では用地買収すら終わっておらず、わずかに神坂トンネルの先進導坑が封鎖された状態で昼神温泉郷に残っているぐらいだ。

気になる今後の中津川線の運命

今は姿を留めている茂都計川橋梁も、二ツ山トンネルも、山本小学校の通学路となっている築堤も、遠からず姿を大きく変えてしまうかもしれない。

それは、この区間に「国道153号線・飯田南バイパス」が計画されているためだ。

飯田南バイパスは、飯田市竹佐を起点とし、飯田市北方を終点とする約4・5キロの4車線道路で、国道153号線の飯田インターチェンジ西交差点付近で朝夕を中心に渋滞が発生する状態となっていることから、その緩和などを目的として計画されている。

飯田南バイパスは4車線で計画されているため、もし仮に中津川線の用地が転用されることになったら、単線用の二ツ山トンネルは、拡幅によって大きく姿を変えることになると思われ、その前後の築堤や、あの迫力ある茂都計川橋梁も、残念ながらすべて姿を消すことになるに違いない。

二ツ山トンネルは拡幅される？

飯田国道事務所のサイトで公開されている完成イメージを見ていると、飯田南バイパスは、飯田インターチェンジ東交差点の先で、長野県道15号飯島飯田線に直結するように描かれている。

二ツ山トンネルから、この飯田インターチェンジ東交差点までの区間は、中津川線の用地をそのままトレースしていけば、自然な形で繋がるように見えてしまう。

飯田南バイパスはまだ調査中の段階で、事業化が決定されたのちに、測量や詳細設計が行われていくことになるため、中津川線の用地が転用されることになるのかどうか、現時点では未知数の部分がある。それでも、無用となっている築堤をそのまま残して、それとはまったく別で新たに用地買収が行われる可能性が高いとも思えない。

リニアのアクセス強化に寄与⁉

サイトには飯田南バイパスで期待される効果も紹介されていたが、その一つとしてリニア長野県駅の南北アクセスの強化が掲げられていた。現況であれば昼神温泉郷までの所要時間が約35分のところを、バイパスの整備後には約27分に短縮できるというのだ。

リニア長野県駅は、中津川線の実現を阻んだ要因の一つであるのに、そのアクセス強化に、中津川線のために準備された用地が活用されるかもしれないと思うと、なんとも皮肉なことだと感じずにはいられなかった。

二ツ山トンネルの南側にある本村函渠は1969年に完成した

久米川に架かる橋梁は橋台が完成したのみで、桁までは架けられなかったようだ

久米川の南詰には築堤へと上がる階段が整備されている

築堤上では両側に柵が設けられ、自動車の往来もない安全な通学路となっている

田府函渠の高さ制限は2.3m。往来する車には邪魔だったに違いない

国道153号線に転用された区間でも、中津川線のために設置された柵や境界杭を見ることができる

飯田南バイパスの計画次第では、茂都計川橋梁は未使用のまま姿を消してしまう可能性もある。今のうちにしっかりと目に焼き付けておきたい

川面にポツンと橋脚が映る「幻」の縦貫鉄道

橋脚とそれに続く立派な築堤が寂しさを誘う

2023年 巡礼

「佐久間線」・静岡県

全長213キロ、全国第9位の長さを誇る天竜川は、八ヶ岳連峰に源流を持ち、諏訪湖から流れ出て、伊那谷を流れ下っていく。途中には1956年に竣工した堤高155・5メートルの佐久間ダムがあり、下流では天竜浜名湖鉄道や東海道本線、東海道新幹線の下をくぐって、遠州灘へと注いでいる。

この天竜川に寄り添うようにして南下してきたJR飯田線は、中部天竜駅から先では天竜川が流れ下る方向とは異なって、南西方向へと進路を取り、愛知県へと入って豊橋駅に至っている。そのまま天竜川に沿って南下してゆけば、天竜二俣駅付近を経由して、浜松駅付近へと至るルートを描くことも可能であり、実際にそのルートの実現を望む声は古くから存在していた。

1922年には、改正鉄道敷設法が公布され、そこには「長野県辰野ヨリ飯田ヲ経テ静岡県浜松ニ至ル鉄道」も記載され、「佐久間線」はその一部を構成することになるはずだった。

しかし、それからの進捗は遅く、遠江二俣駅(現・天竜二俣駅)から中部天竜駅までの約35キロの区間が調査線に昇格したのは1957年のことで、実際に着工されたのは、それからさらに10年を経た1967年になってからだった。

計画されたのは全部で9駅

このときには、遠江二俣駅から遠江横山駅予定地の先までの13・4キロで工事実施計画が認可され、区間内には山東駅、船明駅、相津駅、遠江横山駅の設置が予定されていた。さらにその先には竜山駅、峰之沢駅、山香駅の設置が計画され、両端の駅を合わせると、佐久間線には全部で9駅が設けられる予定となっていた。

峰之沢駅が予定された付近では、かつては峰之沢鉱山が操業し、斜面に残

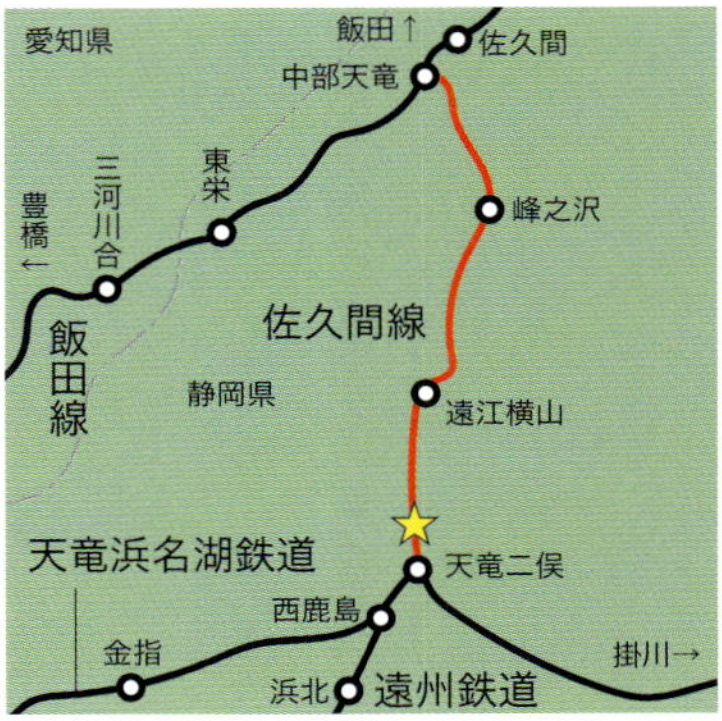

本項の代表的な構造物・地点の位置データ

☆ 八幡橋梁の橋脚
34.87391266393154, 137.8254472278863

されたアパートやインクラインの遺構が、まるで長崎県の端島の光景を思わせるとして、近年注目を集めている。

ただ、計画された駅のうち、着工区間を含め、実際にホームなどが姿を現したところは皆無であった。

レンタサイクルで遺構をたどる

佐久間線の接続駅となるはずだった天竜二俣駅にはレンタサイクルが用意されているので、これを借りて駅から東の方向へと走り始めた。

佐久間線は、現在は天竜浜名湖鉄道が走っているレールから分岐すると、カーブを描きながら白山トンネルへと進入し、その先で阿蔵川橋梁に差し掛かるはずだった。阿蔵川橋梁は川と道路を連続で跨いでいく構造で、その堂々たる姿は、いまにも列車が駆け抜けていきそうに見えた。

阿蔵川橋梁の先では再び山王トンネルに進入、トンネルを出た先では、桁下がずいぶん広々とした山王架道橋を渡るはずだった。山王架道橋に取り付けられた銘板には、「しゅん工　昭和44年3月11日」と刻まれていた。

山王架道橋の先では、二俣川に架けられるはずだった八幡橋梁の橋脚だけが、川の中にポツンと建っていた。その光景は、佐久間線が「幻」に終わったことを強く意識させるものだった。

二俣川を渡った先には、山東駅が設けられる予定となっていたが、現地では築堤を切り崩す工事の最中だった。

この先の船明駅が予定されていた周辺では、大規模な区画整理事業が進められ、築堤は完全に姿を消して道路に生まれ変わっていた。

船明公会堂の先には船明トンネルの南側坑口が姿を留めていたが、入り口は厳重に柵で封鎖されていた。北側坑口は船明ダムの上流側の天竜川のほとりに開口しているが、その先にあった天竜川第一橋梁の橋脚は撤去されて、何もない川面が広がっていた。

いよいよ「夢のかけ橋」へ

続く天竜川第二橋梁も橋脚だけが完成していたが、こちらは撤去するのではなく、逆に9億円の費用をかけて桁が新たに架けられ、自転車と歩行者が通行可能な「夢のかけ橋」として整備された。レンタサイクルでここまで来た理由は、この橋を渡るためだった。

夢のかけ橋を渡った先には、相津駅が設置される予定だったが、代わりに付近には道の駅が開設されていた。

未完成の河内川橋梁の先には、未貫通の相津トンネルの南側坑口が存在しているが、現在はワインセラーとして内部が活用されている。

路盤工事が行われたのは、その先の谷山トンネルの北側坑口付近までで、佐久間線の全体から見ると、3割にも届いていなかった。ゴールの中部天竜駅はまだまだ遠かった。

白山トンネルを出ると、阿蔵川橋梁で川と道路を跨いで、また山王トンネルに入っていくという、スタート早々から変化に富んだルートだった

この先で二俣川を渡るため、山王架道橋も桁下が高くなり、両側に住宅が立ち並ぶエリアで存在感を放っていた。活用されていないのが惜しい

二俣川の中にポツンと建つ八幡橋梁の橋脚。川を渡った先に山東駅が設置されるはずだったが、築堤そのものが切り崩されていた

橋脚だけの姿だった天竜川第二橋梁は、9億円の費用をかけて桁が架けられ、「夢のかけ橋」として歩行者と自転車が渡れるようになった

伊良湖岬へと繋がるはずだった「幻」の築堤

のどかな半島に残る小さなコンクリート橋たち 「渥美線」・愛知県

2024年 巡礼

　太平洋から伊勢湾へと入ろうとするその位置に、まるで湾内を守る門扉のように横たわっているのが渥美半島だ。沖合を黒潮が流れているため年間を通じて温暖で、古くから花や野菜の栽培が盛んな地域として栄えてきた。豊川用水が完成して以降は農業の大規模化が進展し、全国有数の先進農業地帯としても知られている。

　その渥美半島は、明治時代には早くも日本陸軍の大砲や弾丸の実射試験場が設けられるなど、軍事的にも重要な地点とみなされてきた。

　現在でこそ、のどかで穏やかな光景が広がるが、かつてはそのような理由からも、鉄道の必要性について早くから認識されていた。

　1924年には、地元資本による渥美電気鉄道の手で高師～豊島間が開業し、1927年には新豊橋～三河田原～黒川原間の約20・8キロが全通した。その先でも、福江までの約15・9キロの延伸が計画され、免許も取得されていた。

鉄道省が自ら延伸区間を施工

　しかし、渥美電気鉄道による黒川原～福江間の延長工事は、建設資金の調達の目途が立たなかったことから、遅々として進まなかった。

　そこで、鉄道省が自らの手で黒川原から先を海岸回りの別ルートで建設することとし、1938年には黒川原～宇津江間の延伸工事を実施、1942年までには黒川原～三河福江間の約15・1キロの路盤工事が完成した。その先でも三河福江～堀切間の7・2キロで用地買収を完了させたが、戦況は悪化の一途をたどり、ついに1944年には営業線であった三河田原～黒川原間が不要不急路線として休止の対象となって、レールの供出が行われてしまった。これによって、その先の路盤も使

本項の代表的な構造物・地点の位置データ
☆ 石神のコンクリート橋　34.639428, 137.135742

命を失ってしまった。戦後も工事再開を求める声はあったが、休止状態にあった三河田原~黒川原間が1954年に正式に廃止となったことから、その可能性も完全に潰えてしまった。

自転車で「幻」のルートをたどる

三河田原駅ではレンタサイクルの貸し出しを行っていたことから、これを利用して、まずは黒川原駅の跡地を目指した。三河田原駅から黒川原駅にかけては、実際に営業が行われた区間であったが、線路用地が1971年以降に愛知県など地元自治体に売却されて道路用地などに転用されたため、住宅や畑の中をまっすぐに貫く道路のルートに、鉄道時代の面影を留めるのみとなっていた。

国道259号線の田原バイパスと合流した付近が黒川原駅のあった位置で、ここから「幻」の区間へと入る。この先には、三河大久保駅、三河野田駅、馬草駅、宇津江駅、三河泉駅、伊川津駅、高木駅、三河福江駅、三河中山駅、三河亀山駅、堀切駅の設置が予定されていた。ただ、黒川原駅の予定地から先では、バイパスの整備や区画整理事業が施行された区間が続き、渥美線に関連する幻の遺構も多くが消え去ってしまった。

いよいよ渥美線のハイライトへ

渥美線の幻の遺構が再び現れるのは田原市立野田保育園の付近で、用水路に架かるコンクリート橋が姿を留めていた。あまりにも唐突に現れたので驚いたが、それだけ長い月日が流れ、周辺の景観が変化したということだった。

家の数が少なくなり、海岸が近づいてきた頃、路盤が未舗装の道路として再び姿を現し、カーブ地点では当時造られたとみられるコンクリート製の低い擁壁が見られた。江比間駅が設けられる予定だった付近では、路盤は舗装道路へと姿を変えており、そこを自転車で走り抜けた。伊川津駅から先の石神地区では、いよいよ渥美線のハイライトへと差し掛かった。手つかずで残る築堤に、ぽっかりと開口するコンクリート橋が連続で現れるのだ。

直線的な造形に目を奪われる

草木に覆われ、境目もよくわからなくなった築堤の真ん中に、鋭い直線で切り取られた空間が存在する光景は、当時の渥美線が担うはずだった重責を体現しているようだった。あまり訪れる人もいないのか、ヤブ蚊の大群に迎えられてしまったが、しばらくは四角い空間をいろんな角度から眺めた。

この先では再び用地の転用が進み、幻の遺構を見つけることは困難になる。三河福江駅が予定されていた場所は消防署に生まれ変わり、ここを目指した鉄道が存在したことすら、すっかり忘れ去られているようだった。

三河野田駅予定地の近くで堂々たる姿を留めている彦田橋梁。このすぐ手前側は耕作中の田んぼで、唐突に橋梁が現れる光景には驚かされる

馬草駅〜宇津江駅の一部では路盤が未舗装道路の姿で残っており、カーブの外側には当時のものと思われるコンクリート製の擁壁が見られた

伊川津駅と高木駅の予定地の間の石神地区には幻の築堤が残っており、その下をくぐる道路との交差部には、2か所で小さなコンクリート橋が残っている

前後の築堤は草木に覆われて全貌が見えなくなっているが、コンクリート橋はシャープな形状のままで残り、当時の鉄道への期待の大きさが伝わってくる

2020年 巡礼

姿はあっても乗降ができない「幻」のホーム

高架のホームをすべての電車が通過してゆく 「小野浦駅（仮称）」・愛知県

経費をかけて高架上にプラットホームを建設し、地上へと降りる階段も完成し、レールも敷き終わって電車も走り始めたというのに、それから40年以上が経過してもなお、電車が一本も停まらないという「幻」の駅が、愛知県美浜町の名鉄知多新線に存在する。

その駅は正式名称が決まっていないため、「小野浦駅」という仮称で呼ばれているが、野間駅から1・7キロ、内海駅から2・4キロの位置に設置される予定であった。

なにしろ小野浦駅に降り立つことは叶わないわけであるので、まずは通過する電車の中からその姿を確認した。

野間駅を発車した電車の先頭に立って前方を注視していると、線路の両側に平らな構造物が姿を現し、近づくにつれ、それが小野浦駅のプラットホームとして建設されたものであることが見て取れた。意外だったのは、終点の内海駅まであと2・4キロしかないのに、行き違いができるように2面2線の設計で準備されていたことだった。実際には1線しか敷かれておらず、行き違いのための信号場としてさえも活用されていないのが現状だった。

そして事前情報として得てはいたものの、前方も、左右も、見事なまでに緑一色で、人家は見当たらなかった。

本項の代表的な構造物・地点の位置データ
☆ 小野浦駅のプラットホーム　34.759682, 136.858350

小野浦は山を越えた向こう側！

電車の中からの観察に続いて、今度はレンタカーで小野浦駅への接近を試みた。レンタカーは小型車であったにもかかわらず、道幅はギリギリで、もし対向車と鉢合わせになったら、バックするしかないほどだった。

しかも、仮称では小野浦駅となっているものの、実際に所在する場所は、冨具崎川に沿った細い谷筋の奥まったところであった。小野浦海水浴場や愛知県美浜少年自然の家、旅館やカフェなどで賑わっている「小野浦」は、老眼山に連なる山々を隔てた西側にあり、その山を越えていくための道路も整備されていなかった。仮に駅が開業していたとして、小野浦の旅館を予約していた人が間違ってここで降りてしまったら、途方に暮れていたに違いない。

宅地開発は影も形もなく…

この小野浦駅は、ほかの「幻」の鉄道とは異なり、レールのほうはしっかりと現役であるため、うっかり階段を上ってホームに立たれてしまうようなことがあっては、たちまち列車の運行に支障を来たしてしまう。そのため、せっかく完成している立派な階段も、鋼板で頑丈に封鎖されており、周辺にも柵が設けられていた。

知多新線では日中でも片道あたり1時間に2本の電車が運転されており、実際に現地でホームを見上げていても、結構な頻度で電車が行き交っていた。

小野浦駅が計画された当初は、周辺で住宅地の開発が予定されていたというが、それから40年以上が経過しても、何の進展もないところをみると、当面はこの状況に変わりはなさそうだ。

小野浦駅を何かに活かせないか

コンクリート製の躯体を見上げてみても、高架橋とプラットホームの構造が一体化している部分が多くあるように見受けられ、駅としての部分だけを取り除くことも難しそうだ。

周辺に観光施設も人家も見当たらないような環境であるので、今さら駅として開業してみても、たちまち秘境駅の仲間入りをしてしまうだけで、営業成績としては散々なものとなることであろう。

ならば、この特殊な状況を逆手に取ることで、人を呼べる施設となりうるのではないかと考えた。

ヒントとなりそうなのが、JR北海道の釧網本線で、1987年に2日間だけ臨時駅として開設された「谷地坊主村駅」の事例だ。小野浦駅の場合も、ツアー客専用の臨時駅として期間限定で開設し、参加者には「幻」のプラットホームに降り立つ経験ができるという特典を用意すれば、人気を集めるのではないだろうかと妄想してみた。

ホームを活用したカフェは⁉

また、これとは別に、中央本線の旧万世橋駅のホームをガラス張りのレストランとして活用している事例をヒントに、小野浦駅のホームをガラス張りのカフェに変身させるという案も考えてみた。ガラス越しに電車が間近を通過していくという非日常的な空間は、話題をさらう、かもしれない。カフェ利用者は小野浦駅での下車が可能という特典も用意しておけば、「幻」の駅を人気の観光施設へと変貌させることも夢ではない…は言い過ぎだろうか。

野間駅を発車して前方を注視していると、小野浦駅となるはずだった幻のプラットホームが現れた。 周囲に人家はまったく見当たらなかった

レンタカーで小野浦駅の近くまで行ってみると、 ホームへと続く階段が完成していた。 ただしその上部は鋼板で頑丈に封鎖されていた

高架下のこの空間が小野浦駅のコンコースとなるはずだった。周囲を柵に囲われ、地面に草が生えていることが、「幻」の駅であることを物語る

プラットホームと高架橋は一体化しており、駅の部分だけを撤去するのも難しそうだ。ならばこの構造を逆手に取った活用策を検討しても良いのかもしれない

市街地に遺構群が残る壮大な「幻」の貨物線

途切れ途切れの高架橋はまるで転用の見本市　「南方貨物線」・愛知県

2024年 巡礼

いま、日本で目にすることのできる一番壮大な「幻」の鉄道といえば、かつて名古屋圏の南部で工事が進められていた「南方貨物線」を挙げることになるであろう。

重量のある貨物列車を通過させるため、頑強に造られた高架橋が、市街地のあちらこちらで、途切れた状態で残っている。その姿を目の当たりにすると、もはや残念という感情を通り越して、呆然としてしまう。

いっぽうで、使い道を失った高架橋が、意外な形で再利用されたりもしていて、それらを眺めて歩くのは、別の意味で感慨深かった。

名古屋のピンチを救うはずだった

南方貨物線は、取扱量の増加が見込まれていた名古屋圏における貨物輸送をバイパスする目的で、東海道本線の大府～名古屋間の26・1キロを複々線化することが計画された際の貨物専用線のことを指しており、名古屋貨物ターミナルを経由する予定だった。

南方貨物線の建設計画が運輸大臣に認可されたのは1966年のことで、この当時の名古屋付近の東海道本線には近郊列車と貨物列車、さらに長距離旅客列車も走っており、特に名古屋駅以東では線路容量が逼迫している状況で、前述のとおり貨物取扱量はさらに増加することが予想されていた。

そこで、名古屋貨物ターミナル駅（当時の仮称は八田貨物駅）を新たに設置し、南方貨物線を大府～笠寺間は東海道本線に沿って建設し、笠寺駅から先では東海道新幹線と並行する形で北西方向へと進路を取ることが計画された。新幹線とは途中で離れ、南方貨物線は名古屋貨物ターミナル駅を経由して、その先で西名古屋港線と接続し、名古屋駅から先では、すでに完成していた貨物専用の稲沢線へと直結することに

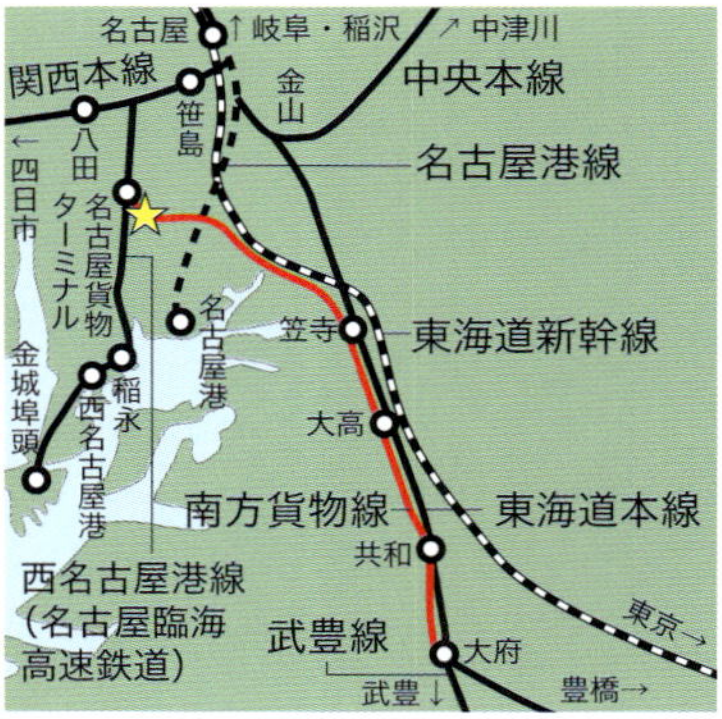

本項の代表的な構造物・地点の位置データ
☆ 南方貨物線の円筒形橋脚
35.119272057521194, 136.86211593651143

よって、この区間の客貨分離を図る構想となっていた。

300億円以上が投じられたが…

1967年からはいよいよ天白川橋梁などの工事に着手され、開通見込みは1972年とされた。

しかし、1971年頃になって、東海道新幹線と並行する予定で建設されていた区間で、すでに新幹線による騒音と振動に悩まされていた沿線住民が、さらに南方貨物線による騒音と振動が加わることに対して懸念を抱き、公害対策を強く求める意見が出された。国鉄でも、鋼桁橋の採用を中止してコンクリート橋に変更するなどの対応を行ったが、名古屋市からは工事の一時中止の申し入れがあった。1974年には新幹線の騒音・振動に対して運行差止と慰謝料の支払いを求める訴訟が起こされ、南方貨物線も工事が凍結されることになった。

その後、南方貨物線に関しては、騒音低減効果の大きい防音壁を採用することなどによって沿線住民との和解が成立し、1980年に工事が再開された。同年には名古屋貨物ターミナル駅も開業した。

しかし、今度は国鉄本体の財政悪化の影響を受け、1983年に再び工事が中断してしまった。南方貨物線に関しては、トータルで345億円が投じられ、用地買収は100%の達成率、未着工区間もあとわずかに1・3キロを残すのみとなっていた。

引き受け手は現れなかった…

国鉄が分割民営化されることになった際、南方貨物線の扱いが課題となった。のちにJR貨物となる貨物会社からは、既設線だけで貨物輸送が十分に賄えるとの理由で辞退され、のちにJR東海となる旅客会社からも採算性を理由に引き受けが拒否された。その結果、南方貨物線の資産の大部分は日本国有鉄道清算事業団（現・鉄道建設・運輸施設整備支援機構）に移管された。

仮に高架橋を撤去することになった場合、その費用は数百億円と見込まれたことから、「仮に撤去しなくて済むような整備をして鉄道・道路に使うものが居る場合、約100億円を助成する」として、各方面に意向の確認が行われた。しかし、引き取り手は最後まで現れず、2001年には南方貨物線の鉄道としての開業を断念、2002年度からは高架橋を撤去して更地化を始めることが決まった。解体撤去に要する費用は最終的に300億円という途方もない金額が見込まれた。

一部の土地については、コンクリート製の高架橋を残したままで売却され、その結果、高架橋をうまく活用した事例が相次いで見られることとなった。

なお、「北方貨物線」という構想もかつては存在したが、実現しなかった。

東海道本線に沿って伸びる南方貨物線の幻の高架橋。大半でレールやバラストが撤去されているが、一部では活用されているところも存在する

山崎川橋梁は撤去されてしまったが、その手前側の高架橋は残され、高架下はバス事業者の車庫などとしてうまく活用されていた

あまりに見事であるため、よく見ないと気付かないが、高架橋の上下をうまく使い、まるで二階建てのような活用がなされている

名鉄常滑線をオーバークロスする箇所では高架が高く、見上げると物凄い迫力だ

御替地第4高架橋No.1の銘板には「しゅん功　昭和46年3月」の文字が輝く

東海道新幹線と南方貨物線の高架橋が並ぶが、片や途切れ途切れの状態だ

東海道本線の電車から眺める

南方貨物線は、大府駅の南側から姿を現す。東海道本線の電車に乗って前方を注視していると、西側から武豊線が合流してくるのだが、その部分が立体交差になっている。武豊線と南方貨物線との間でスムーズな往き来が可能となるよう、このような構造が採用されたのだが、南方貨物線に関連した工事の中では、幸運にも実用化まで漕ぎ着けることができた数少ない部分だ。

大府駅から笠寺駅にかけては、東海道本線の2本の線路と並行して、南方貨物線のために準備された複線用の高架路盤が並行する。大半でレールは撤去済みだったが、一部で残存しているところもあった。並行する東海道本線を高架化する際に、南方貨物線の路盤が仮線の敷設用地として活用された名残りだ。天白川橋梁の付近では、仮線のはずが、そのまま南方貨物線の路盤を東海道本線が走っている区間もあった。２００９年に新設された南大高駅も、南方貨物線の高架を活用して駅の施設が建設されている。たとえわずかでも、南方貨物線の施設が無駄にならずに済んでいるところがあるのを確認するだけで、安堵した気分になる。

未使用のまま老朽化が進む…

笠寺駅より先では、東海道本線の複線とは離れて、南方貨物線が独自のルートを取り始める。笠寺駅は地平だが、構内の北側から南方貨物線は徐々に高度を上げていく。その擁壁は並行する道路から見えるのだが、ところどころに表面のコンクリートの剥離が見られ、中の鉄筋が露出しているところもあった。一度も使われないまま、すっかり老朽化が進んでしまったことを実感させられた。

山崎川橋梁も一度は完成していたが、解体撤去によりすっかり姿を消し、手前側ではプツリと途切れた高架橋が寂しげな姿をさらしていた。

ただし、単なる放置というわけではなく、バス事業者の施設として活用されており、コンクリート製の高架橋には会社のロゴが大きく表示されていた。この先、高架橋をうまく活用した事例を眺めながら歩いていくことになる。

高架橋を転用した見本市を歩く

住宅地に現れたのは、前後の橋桁が撤去されて、離れ小島のように残った高架橋で、その下は資材置き場として活用されていた。これだけ頑丈な屋根をゼロから架けようとすれば、相応の建設費が掛かったはずで、それを高架橋の活用によりうまく節約した事例を見かけて、つい嬉しくなってしまった。

塗装会社の建物として活用されていたケースでは、全体が白色に塗装され、そこに看板が取り付けられていたため、一見しただけでは元が高架橋だったとは思えないほどの仕上がりになっていた。可燃物を保管する場合でも、コンクリートの頑丈な構造は、有利に働くのではないかと思われた。

そして現れた最強の転用事例が、高架橋の上に建物を造ってしまったという三つのケースだった。

一つは、連棟式建物のような外観で、道路側から見ると、2階部分に窓がズラリと並び、まるで最初から2階建てとして建設されたかのようだった。

もう一つは、一戸建て住宅のような転用事例で、高架下の部分には壁と窓が設けられ、高架上へと続く立派な外階段も巡らされていた。

そして一番の完成度を誇っていたのが、高架橋のコンクリート部分だけをそのままで残し、新たに設けられた壁にグレーのサイディングを張ることで、あたかも意図してデザインされたかのような外観に仕上げた転用事例だった。

これらの高架橋は、貨物列車の重量と振動に耐えられるよう、相当に頑丈な造りとなっていたわけであるので、建物の基礎や梁として活用するには最適だったと言えるのかもしれない。

銘板に見る建設時の面影

その後も、うまく高架橋を転用した事例が続き、銘板がそのまま残されているケースも散見された。

「御替地第4高架橋Ｎｏ．1」の銘板からは、「着手　昭和44年12月」、「しゅん功　昭和46年3月」と読み取ることができた。高いクオリティが求められた高架橋を完成させたときの心意気が文字から伝わってくるようだった。

南方貨物線が国道２４７号線と名鉄常滑線をオーバークロスする箇所では、並行する東海道新幹線とともに、高架の橋脚の背が高くなり、途切れ途切れの南方貨物線の高架橋の下には、すっぽりと2階建ての建物が収まっているところもあった。

最後に見た光景は…

その先でも、背の高い高架橋が、ぶつ切り状態で続いていた。用地を買収して、設計をして、高架橋がここまで完成していたのに、また費用をかけて壊すしかなかったのであるから、関係者でなくとも、一連の光景を見続けていると、気持ちが冷え冷えとしてくる。

団地の近くでは、転用が難しそうな長い高架下を逆手に取って、「県下最大級のコンテナ貸倉庫」が展開されている事例も見られた。

そしていよいよ、西名古屋港線との合流部に差し掛かった。天空に突き上げるような巨大な円筒形の橋脚が寂しさを誘った。その先では南方貨物線のために造られた高架橋の一部が、その後に設立された第三セクター鉄道の名古屋臨海高速鉄道の施設として活用されていた。高架橋を走る電車の姿に、少しだけ救われた想いがした。

太い橋脚に支えられた高架橋を駐車場の屋根として活用している事例もあった。高さも強度も十分で、駐車場としてはまさにうってつけといえる

名古屋港線との交差部から名古屋貨物ターミナル駅にかけては、南方貨物線2線と名古屋港線連絡線1線の合計３線分の高架橋が建設された

天空に突き上げるように屹立する南方貨物線の橋脚。これだけ頑丈に造られたのに用途もなく、いずれは消え去る運命にあることが寂しい

名古屋臨海高速鉄道あおなみ線の中島駅付近では、南方貨物線のために造られた高架橋が転用され、新旧の高架橋が並ぶ

一度も列車は発着しなかった幻のホーム

線路まで敷かれた光景のすべてが「幻」

「住友大阪セメント伊吹工場専用線」・滋賀県

2021年 巡礼

滋賀県と岐阜県の県境にそびえる標高1377メートルの伊吹山は、古くから霊峰として崇められ、山頂にかけての植物群落は天然記念物に指定されている。

その雄姿が望める場所に、線路とプラットホーム、そして上屋とベンチが設置されている。線路はコンクリート枕木を採用した本格的なもので、レールも太いものが使われていた。ホームも下部が煉瓦調、上部がコンクリートの二層で仕上げられていた。ホーム上には、10人ぐらいは座れそうな木製のベンチがあり、上屋も雨風からしっかり守ってくれそうな大きさがあった。

肝心の駅名標と時刻表が無い!?

さて、これだけ完璧な設備が整っているのに、肝心の駅名標や時刻表が見当たらない。それもそのはず、目の前に見えている線路も駅も、実はすべてが完全な「幻」で、実際に列車が発着したことは一度もないのだ。

ではなぜ、このような施設が存在するのかというと、そのすぐ横を通過する自転車道こそが貨物列車の往き来した廃線跡であり、自転車道の整備に際してレールや枕木がすべて撤去された代わりに、このようなモニュメントを造って、往時を偲ぼうとしたわけだ。

ただし、廃線前は「住友大阪セメント伊吹工場専用線」という貨物専用の路線であり、旅客列車が定期運行された実績は無く、すべてが完全なファンタジーに基づくものであった。

専用線には珍しい電化路線だった

住友大阪セメント伊吹工場専用線は、東海道本線の近江長岡駅と、伊吹工場との間を結ぶ約3・7キロの貨物専用線で、当初は蒸気機関車が貨車を牽引していたが、晩年は電気機関車が活躍する珍しい専用線であった。

1999年6月28日には貨物列車の最終運行があり、電気機関車の前面に

本項の代表的な構造物・地点の位置データ ☆伊吹せんろみち 幻の駅
35.382680797789085, 136.38192037214213

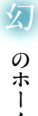

は「さようならセメント列車　1952～1999」の惜別のヘッドマークが取り付けられた。従事していた「いぶき500形」の2両は、ともに大井川鐵道へと譲渡され、うち1両は現在も在籍している。伊吹工場については、2003年3月でセメントの生産を終了し、サイロなども撤去されている。

廃線跡は、「伊吹せんろみち」と命名された自転車道へと再整備されたが、沿線には架線柱が残されている箇所もあり、途中に所在していたトンネルも、そのまま通り抜けることができる。

そして、かつての住友大阪セメント伊吹工場のすぐ南側では、「伊吹薬草の里文化センター」が運営され、「幻」の駅もその向かい側の駐車場の一角に設けられている。

特筆される「幻」の駅の本気度

鉄道が廃線になった跡などに、かつての姿をイメージしやすいようにと、駅をイメージしたモニュメントを設けるというケースは比較的多い。

例えば、茨城県の日立電鉄のケースでは、かつての久慈浜駅の位置に、短いレールを敷いて、その傍らには駅名標が再現された。ただし、本格的なホームまでは再現されていない。

いっぽう、愛知県の名鉄挙母線のケースでは、かつての渡刈駅の位置に、模擬プラットホームと、架線柱をイメージしたアーチが再現された。ただし、こちらでは本格的なレールまでは再現されていない。

それらと比べると、伊吹せんろみちに隣接して再現された「幻」の駅は、レールも枕木もホームもすべてが本格的に再現され、本気度が伝わってきた。伊吹工場専用線では、重量のある貨物列車が日常的に通過していた関係で、レールも枕木も頑丈なものが使用され、廃線とともに、そうした資材が大量に発生したことで、再現の際に有利に働いた面もあると思われる。

それでも、ホームとベンチ、そして上屋へのこだわりは脱帽もので、その後ろ側には桜の木が植えられ、春には「幻」の駅で、満開の桜と伊吹山の雄姿の両方を楽しむことができるようになっている。

もし、自転車で近江長岡駅側から伊吹せんろみちをずっとたどって来たとしたら、ひたすら上り勾配の連続であるので、この幻の駅のベンチは、それこそ最高の休憩ポイントということになろう。隣接する薬草の里文化センターでは、日帰りで薬草湯に入浴することも可能であるので、汗をさっぱりと流すこともできる。

これだけ完璧に駅の設備が揃っていると、鉄道車両の展示もあれば、などとつい思ってしまうが、むしろ鉄道車両が無いからこそ、幻の駅の姿に意識が向き、そこから眺める伊吹山の絶景に集中できるのかもしれない。

下部が煉瓦調、上部がコンクリートで仕上げられた幻のホームには、ベンチと上屋が備えられ、その後ろでは桜が満開のときを迎えていた

背後にそびえるのが標高1377メートルの伊吹山で、古くから霊峰として崇められている。左の斜面では石灰石の採掘が行われている

幻の線路の左側に伸びているのが伊吹工場専用線の廃線跡に整備された「伊吹せんろみち」で、麓の近江長岡駅の近くから続いている

伊吹工場専用線の運行最終日となった1999年6月28日には、「さようならセメント列車 1952～1999」のヘッドマークが取り付けられて有終の美を飾った

2024年 巡礼

蒸気機関車を隠すはずだった「幻」の避難壕

掘削途中で放置された姿が戦時を物語る 「蒸気機関車避難壕」・滋賀県

太平洋戦争の末期、本土への爆撃が苛烈を極めたことは、さまざまな戦記に詳しいが、被災は鉄道も例外ではなかった。機銃掃射などで車両や施設が被害を受けることもたびたびだった。

とりわけ、東海道本線と北陸本線が接続し、兵員や兵器、弾薬などの軍事輸送が集中する要衝である米原駅は、連合軍にとっての格好の標的となった。

そうした状況を受け、蒸気機関車にとっての防空壕に相当する「蒸気機関車避難壕」を急いで2本造ることになり、米原駅から約2キロの位置にある岩脇(いをぎ)山で、秘密裏に掘削作業が始められた。

掘削はほとんどが手作業…

工事の着手は1944~1945年ごろとされているが、軍事機密のため、周辺住民にも詳細はほとんど明かされることのないまま作業は進められたという。

岩脇山が建設地に選ばれたのは、岩盤が硬く、空襲にも耐えられると考えられたことにあったとされる。

ただ、掘削に重機などは投入されず、ツルハシやスコップによる手作業で掘り進められたという。

それでも、当時すでに貴重となっていた火薬も使われていた模様で、発破の音が聞こえていたという住民の証言もある。

懸命の掘削作業の結果、2本の避難壕のうち、東側の1本は貫通し、その全長はおよそ130メートルであった。西側の1本は、南側がおよそ53メートル、北側がおよそ13メートルまで掘り進められたが、そこで終戦を迎え、中央部の数十メートルが未貫通のまま放置されることとなった。

掘り進められた内部も、断面は雪だるまのような形状で、とても蒸気機関車が入れるような広さはなかった。

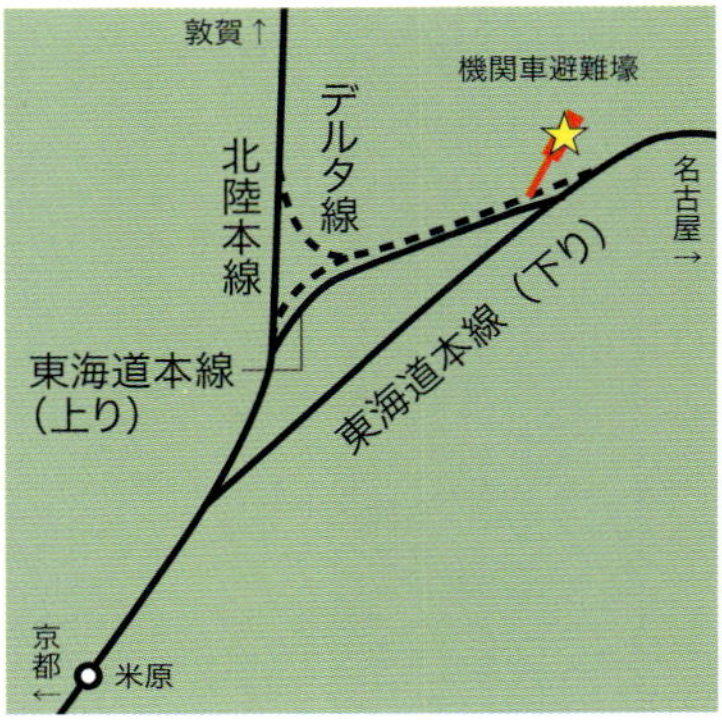

本項の代表的な構造物・地点の位置データ
☆岩脇の蒸気機関車避難壕
35.32769138013648, 136.2976800160291

デルタ線も建設されていた

同じ時期には、避難壕にすぐ近接した場所で、蒸気機関車を転向させるための「デルタ線」も建設されていた。

デルタ線は、米原機関区の転車台が万一にも使用不能となった場合に備え、建設が急がれていたものだった。

デルタ線は、東側の端を東海道本線と繋ぐことで、米原駅を経由しなくても東海道本線と北陸本線を往き来できる短絡線としての意味も持っていた。デルタ線のために築造された路盤は、東海道本線の上り線の路盤に転用されて現在でも使用されている。

ゴミ捨て場からの再整備

終戦後の避難壕では、坑内に湧く地下水で地元の人たちがスイカを冷やしたりしていたというが、その後はゴミ捨て場と化してしまった。

２００８年になって、戦争の歴史を風化させてはならないと、「岩脇まちづくり委員会」のメンバーが立ち上がり、避難壕の奥まで押し込められた大量のゴミの撤去作業に着手した。人海戦術でゴミを運び出し、最後は重機を使ってトラックに積み込んだという。

ゴミの撤去後は、避難壕に隣接して「いをぎ町づくり資料館」が建てられ、再整備までの全経過を記録した写真や、避難壕で発見された、発破の際に火薬を差し込むのに使われたと思われる金属製の器具、大型のかすがいなども展示された。

避難壕の内部を歩く

事前に岩脇まちづくり委員会に連絡することで、避難壕の内部を見せていただくことが可能となる。

見学の当日、普段は施錠されている門扉が開けられ、内部に明かりが灯された。すると、掘削された当時のままの荒々しい岩肌が浮かび上がった。

未貫通であった西側の避難壕から順に見せていただいたが、危険とされた「上下二段構築技法」が採用されていた痕跡が認められ、掘削が中断した最奥の岩盤には、所々に小さな丸い穴が開けられていた。火薬を差し込むための穴だったのではないかと想像された。

続いて、貫通している東側の避難壕に足を踏み入れた。内部は想像していたよりも狭く、とても蒸気機関車を格納できるような寸法ではないように思われた。それでも、煤煙を逃がすためと思われる通気孔が上部に掘り抜かれるところまで工事は進んでいた。

最後に未貫通の西側の避難壕を北側から見せていただいたが、奥のほうは水没してしまっており、入口付近から眺めることしかできなかった。

全国的にみても貴重なこの蒸気機関車避難壕は、滋賀県下の戦争遺跡としては初めて、２０１７年に米原市指定文化財となった。

避難壕の内部は素掘りのままの状態で、未貫通であった西側の避難壕では、火薬を差し込むために穿孔されたと思われる小さな穴が、最奥の岩盤に見られた

貫通まで達していた東側の避難壕でも、内部の空間は非常に狭く、蒸気機関車を格納できるだけの広さは確保されていなかった

デルタ線のために築造された路盤は東海道本線の上り線の路盤として活用されている。奥側の下り線をEF66形＋EF64形が通過していく

晩年は幽霊列車となった「幻」のSLホテル

レールも「幻」と消えたがSLは新天地へ 「多賀SLパーク跡」・滋賀県

1993年 2016年 2023年 巡礼

1976年に「多賀SLパーク」がオープンした当初は、とても華やかだった。黒光りする蒸気機関車のD51 1149を先頭に、きれいに整備された3両のB寝台車が連なった。隣にはレストランのほか、ミニ遊園も備わり、すべり台やブランコ、孔雀の飼育まで行われていた。

3両のB寝台車は、スハネ16 2082、2606、2619で、それぞれ「丸山」、「さくら」、「はやぶさ」と命名され、「丸山」は車内が畳敷きに改装されていた。町民もSLの周りによく集まったといい、地元でも親しまれた存在となっていた。

黄金時代は長くは続かず…

各地でSLホテルが続々と誕生したが、ブームは長くは続かず、閉鎖される施設が相次いだ。多賀SLパークも同じ道のりをたどることとなり、1980年代には営業を取り止めた。

使われなくなった寝台車はそのまま放置状態となり、塗装は剥がれ落ちて、錆びた鉄板がむき出しの状態となってしまった。雑草が生い茂ったプラットホームに、窓ガラスが割られて悲惨な姿となった寝台車が、行く当てもなくたたずむ光景は、まさしく幽霊列車を連想させるものだった。

SLだけが取り残された

荒れ果てた姿となっていたB寝台車の3両は、1995年に解体されて姿を消したが、コンクリート枕木で頑丈に敷設された線路はそのまま残り、その上には先頭のD51だけが取り残されていた。

他の鉄道路線と接続しているわけでもない国道沿いの静かな場所に、案内の看板なども無く、突如としてSLとプラットホームが現れる光景は、「幻」の鉄道の薫りがプンプンとした。

本項の代表的な構造物・地点の位置データ
☆ 多賀SLパークの線路跡
35.21795751023098, 136.28825078532475

春には満開の桜に囲まれ…

Ｂ寝台車の3両が撤去された１９９５年以降も、Ｄ51だけは25年以上にわたって多賀ＳＬパークの跡地に留まり続けた。

毎年春になると、周囲に植えられた桜が満開となり、Ｄ51との取り合わせを楽しみに花見に訪れる人もいた。

２０１１年には、Ｄ51を所有していたＪＲ西日本から多賀町に所有権が移され、町民の有志が活用につなげようとイベントを開催したこともあった。

町では引き取り手の募集も行ったが、応募する人はなかなか現れず、ますます腐食が進んでいく様子を心配する声も聞かれた。

ここに敷かれていた線路自体は、最初から車両を走行させることを目的とはしていなかったが、それでも前述のとおりコンクリート枕木を並べて頑丈に造られており、小さなトロッコを走らせるぐらいであれば、十分に耐えられるように思われた。

Ｄ51の処遇に頭を悩ませていた当時の町の担当者に、この線路を活用して小さなトロッコを走らせるという町おこしのプランを提案したこともあったが、採用されることなくプランは立ち消えとなった。

ついに引き取り手が現れた！

そんなＤ51に、ついに引き取り手が現れた。２０１７年に、愛知県豊田市でレトロな自動車のレストアを手掛けていた個人から、譲受を希望する声が町に寄せられたのだ。

それからは町との間で協議が続けられ、２０２２年に町議会でＤ51を無償譲渡する許可の是非に関する議案が審議され、無事に可決されたことで、新天地への移設が本決まりとなった。

２０２２年8月1日にはＤ51の譲与式が挙行され、翌月には愛知県豊田市へ向けて旅立っていった。

豊田市に到着後は、ボイラー、キャブ、炭水車など、ブロックごとに丁寧な錆落としと錆止めの塗装が行われ、長年の劣化が少しずつ回復されている。

線路も幻と消えた…

Ｄ51がめでたく旅立った翌年、再び多賀ＳＬパークの跡地を訪れてみた。すべての車両がいなくなったことで、役目を終えたレールもついに撤去され、細長く続くバラストだけが残っていた。

バラストの上を歩いてみると、広いと思っていたＳＬパークが、案外狭かったことに、いまさら気づいた。

振り返ってみると、ＳＬパークとして営業されていたのが十数年であったのに対し、営業終了後にレールが放置されていた期間が三十数年、そして最後にはすべてが消えてしまったことを思うと、ここで起こったすべてのことがまるで「幻」のように感じられた。

1995年に3両の寝台車が撤去されたあとも、パーク跡地には頑丈なレールが残されていた。町民有志により、町おこしへの活用が模索された時期もあった（2016年撮影）

スハネ16形は、東京～大阪間の急行「銀河」や、大阪～青森間の急行「きたぐに」にも連結されていたが、最晩年の姿は栄光の時代とはかけ離れたものだった（1993年撮影）

D51 1149を所有していた多賀町では譲渡先を探していたが、愛知県豊田市の個人が手を挙げ、2022年に新天地へと運ばれた（2016年撮影）

レールもついに撤去され、跡地にはバラストが細長く残るのみとなっていた。SLパークがあったこと自体、忘れられてしまいそうだ（2023年撮影）

今もその姿を留める「幻」の軍用鉄道の築堤

住宅街にそびえる巨大な築堤をたどる 「宇治火薬製造所木幡分工場専用線」・京都府

戦前から戦時中の軍事輸送において、鉄道が果たした役割は大きく、重要な軍関係の施設には、多くの場合、専用線が引き込まれていた。

現代とは異なって、軍事機密に該当する情報は明かされないことがほとんどで、とりわけ軍事施設へと繋がる専用線については、周辺住民に使途が説明されることなく用地買収が行われ、運行開始後も内実は機密とされることが通例で、姿はあっても実態の見えない「幻」の鉄道なのであった。

京都府宇治市に存在していた「陸軍宇治火薬製造所木幡分工場」にも、やはり専用線が敷設されていた。分工場は日露戦争により火薬の需要が増加したため建設が開始され、1906年に竣功していたが、専用線の着工は1940年のことで、完成したのは1941年であった。太平洋戦争への突入に伴って、大量輸送が可能な鉄道の必要性が高まったことが理由と考えられた。

宇治火薬製造所は、平時には全軍隊の需要の半分を供給していたほどの、日本で最大の火薬製造工場であった。戦時中には、宇治火薬製造所で必要な電力を確保するため、日中の5～6時間は停電が生じていたそうで、その間は近くを走る京阪電気鉄道の宇治線も運行が止められていたという。

1970年代までレールが残存

専用線はJR奈良線の木幡駅の構内で分岐すると、しばらくは奈良線に沿って北上し、まもなく大きくカーブを描いて進路を西へと変え、大規模な築堤の上を進んで、京阪宇治線を乗り越し、その先に広がっていた宇治火薬製造所木幡分工場へと達していた。

戦後も1970年代後半まではレールが残存し、この頃の地図にも、住宅街を貫くようにして伸びていく国鉄線を示す地図記号が描かれていた。

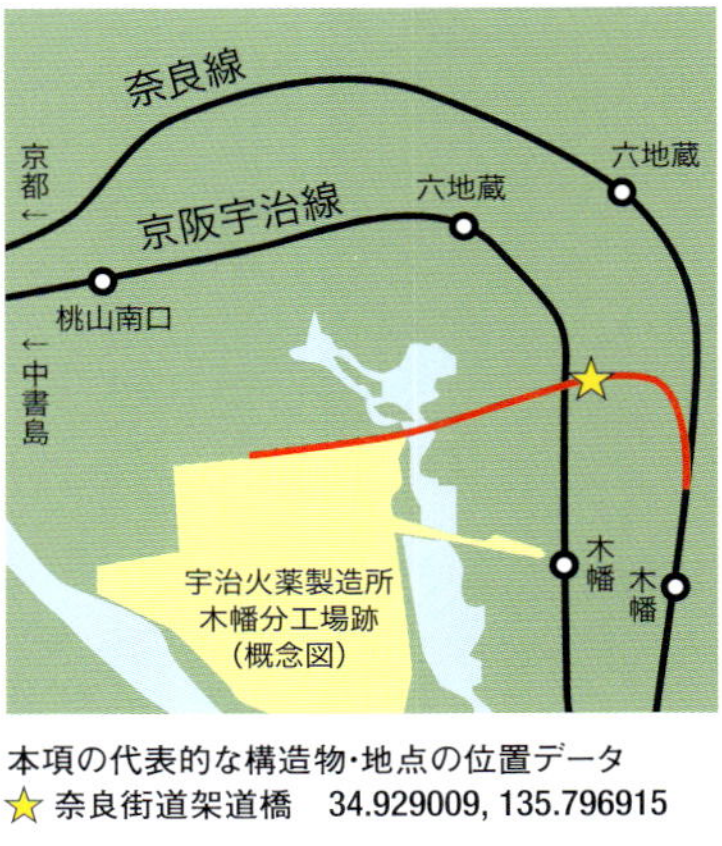

本項の代表的な構造物・地点の位置データ
☆奈良街道架道橋　34.929009, 135.796915

大規模な築堤を見上げながら歩く

専用線の跡のうち、奈良線と並行する区間は、1983年に宇治市が歩行者・自転車専用道路として整備し、「木幡緑道」と命名した。その名の通り、木々が茂る緑豊かな道路となっており、緑道のところどころには「陸軍用地」と刻まれた境界標も残されている。

緑道を抜けると、カーブを描く大規模な築堤が続いている。レールや枕木が撤去された以外は、ほぼそのままの姿を留めており、この付近でも陸軍用地の境界標が見られた。

道路との交差部では、専用線の桁が撤去されていたが、両側のコンクリート製の橋台はそのまま残されていた。橋台間の幅が狭いため、自動車同士がすれ違うのは難しそうで、路面には「減速」とペイントされていた。橋台を間近で見たが、特に傷んだ箇所も見当たらず、当時の技術力の高さに感心した。

奈良街道との交差部には橋桁も

築堤に沿って歩いていくうちに、奈良街道との交差部に差し掛かった。驚くべきことに、ここにはコンクリート製の橋桁がそのまま残されていた。主要道路との交差部は、高さ制限などを解除するために、真っ先に橋桁が撤去されることが多いのだが、ここでは補修の手が加えられながら存置されていた。橋桁を真下から見上げると、一部でコンクリートが剥離し、内部の鉄筋が露出してしまっている箇所もあった。それでも、吹付によるメンテナンスと、チョークによる書き込みも見られたので、今後さらに追加で補修作業が行われるのかもしれない。

そのすぐ先で専用線は京阪宇治線を乗り越していたが、ここでは橋桁が撤去されていた。宇治線を乗り越した少し先で、築堤はすっかり削り取られ、道路へと姿を変えていた。

せっかくの築堤や橋桁、活用は？

専用線跡の築堤は、二階建ての住宅の屋根ぐらいの高さがある巨大なもので、なだらかに広がる築堤の底辺も、かなりの敷地面積を占めている。築堤の区間は緑道などとしては活用されておらず、終戦から80年が経とうというのに、ただ住宅街を分断するだけの存在となっている。

奈良街道を跨ぐ橋桁も、せっかく手間をかけて維持がなされているのであるから、あともう少しだけ手を加えて、近隣住民の散歩道や、木幡駅に至る通学路として開放されれば喜ばれるのではないだろうかと思えた。

そしてなにより、この築堤も橋桁も、戦争遺跡としての一面を持っていることを考えると、この先も撤去してしまうのではなく、歴史を語り継ぐ存在として、残しながら活用する方向が理想であるように思われた。

陸軍宇治火薬製造所木幡分工場への専用線の跡地を活用して整備された「木幡緑道」（左）と、木幡駅へと進入するJR奈良線の電車（右）

二階建ての住宅の屋根ぐらいの高さがある築堤は、道路との交差部の桁が撤去された以外、80年以上前の建設当時の姿をよく留めている

奈良街道との交差部ではコンクリート製の桁がそのままの姿で残されていた。この左側で京阪宇治線を乗り越していたが、桁は撤去されている

桁の管理やメンテナンスは続けられているが、通行などは不可能なままとなっている。せっかくの施設であり、今後の活用に期待したい

人知れず姿を消した「幻」の軍用鉄道の鉄橋

近年まで残されていた歴史的なガーダー橋 「川西側線」・京都府

1991年 2024年 巡礼

JR学研都市線がJR三山木駅を発車して、京都府精華町の下狛駅へと向かう途中、学研都市線の線路際からそっと離れ、西側へと続いていく砂利道が見える。緩やかなカーブを描きながら伸びていく未舗装道路は、一目で鉄道の跡地であることが感じられるが、古い年代の時刻表を繰ってみても、この鉄道のことに言及しているページは存在しない。なぜなら、この鉄道も戦時中に軍事目的で敷設され、機密に満ちた「幻」の鉄道であったからだ。

「川西側線」と呼ばれていたこの路線は、「大阪陸軍兵器補給廠祝園分廠」までの4322メートルを結んでいた。

禁野火薬庫の大爆発を受け急造

「祝園弾薬庫」とも呼ばれたこの施設が急造されることになったのは、大阪府枚方市にあった禁野火薬庫で1939年3月1日に大爆発事故があり、その代替施設が必要となったからだった。

その切迫ぶりは町史にも記録されており、1939年10月30日、当時の川西村役場に第一六師団経理部長から突然の書面が届き、「夜6時から7時の間に係員を派遣するから村長と助役は在勤せよ」との指示があったという。

そして経理部主計少尉から伝えられたのは、「陸軍が急ぎで用地を買収したいので、関係する三つの村の村長と助役は、明日午後一時に川西村役場で協議を行い、同一歩調により関係地主の承諾書を求めるよう配意を望む」というものであった。その日の夜には打田地区の地主が集められて買収承諾書への調印が行われ、翌日には東畑、翌々日には南稲八妻、北稲八間でそれぞれ調印が行われた。第一六師団の連絡からわずか4日で、砲弾の組立・解体などを行う填薬所に必要な、およそ10万坪の用地買収が完了したことになり、いかに急がれていたかが窺い知れよう。

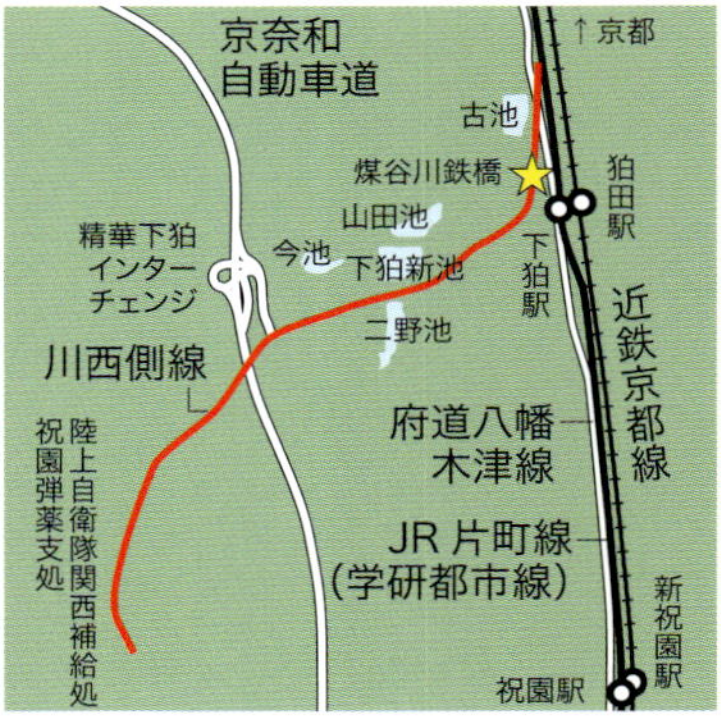

本項の代表的な構造物・地点の位置データ
☆ 煤谷川橋梁跡　34.781010, 135.787368

多い日には３０００人が従事

使途も明かされないまま承諾書が集められた祝園分廠の用地に続き、川西側線のための用地買収への承諾書の回収が行われ、直ちに杭打ち作業が開始された。

１９４１年に稼動を始めた祝園分廠では、多い日には３０００人の労働者が火薬を弾筒に詰める作業や、弾薬と信管とを分けて箱詰めする作業を行い、敷地内に設けられた２００メートルのプラットホームからは、弾薬類が貨車に積まれて発送されたという。

朝鮮戦争でも弾薬輸送を実施

終戦後は連合軍の弾薬庫として使われるようになり、１９５０年に勃発した朝鮮戦争では、川西側線でも戦場へと補給する弾薬類の輸送が行われた。弾薬庫が日本政府に返還されてからは、陸上自衛隊関西補給処祝園弾薬支処となり、以降は川西側線を経由した弾薬類の輸送が行われなくなった。不要となったレールもいつしか撤去された。

煤谷川橋梁は２００７年まで現存

前述のとおり、ＪＲ学研都市線の車窓からも川西側線の廃線跡を見る事ができるが、分岐していた「三山木信号場」の跡地は、わずかに線路敷が広くなっている程度しかわからなかった。

しかし、その先にある煤谷川には、廃線から50年近くにわたって、ガーダー橋が近年まで姿を留めていた。

橋は長さ約17メートル、幅約１・４メートルで、両岸にコンクリート製の橋台があり、橋脚は2基が建てられ、3連の桁が架けられていた。

特筆すべきはその桁で、鋼材にはイギリスのドーマンロング社が製造したことを示す陽刻が認められ、「浦賀船渠株式會社製造　明治四十三年十二月」の楕円形の銘板が取り付けられていた。

煤谷川橋梁が架橋された時期と、桁の製造時期が大きく乖離しており、おそらくは別の場所で使用されていた桁が転用されてきたものと推定された。

桁は廃線後に撤去されるケースが多いが、煤谷川橋梁はなぜかそのままの姿で残され、桁の上には朽ち果てながらも木製枕木まで残っていた。

桁の一部は現地に保存

そんな煤谷川橋梁も、橋脚が治水の障害になるとして、２００７年に人知れず撤去され、両岸の橋台だけが姿を留めるのみとなった。

煤谷川橋梁に取り付けられていた浦賀船渠株式会社の銘板は役場で保管され、両岸には解説板も建てられている。南側の解説板の下には、切り取られた桁の一部が展示され、枕木が載っていた位置だけ鋼材の腐食が進んだ様子も間近で見ることができた。実物だけが留める、歴史の痕跡であった。

三山木信号場跡から川西側線の廃線跡が右へと分かれていく

煤谷川橋梁は2007年に撤去され、現在は橋台のみが残る

約35年前の川西側線の廃線跡（左:1991年撮影）と現在の様子（右:2024年撮影）。右側に建つ集合住宅は変わらないが、そのほかに多くの住宅が建ったことがわかる

煤谷川橋梁が現存していた約35年前の光景（左：1991年撮影）と現在の様子（右：2024年撮影）。背後の山容や麓の住宅は現在も変わっていないことが見て取れる

桁の上には枕木が朽ち果てながらも残っていた。弾薬庫という特殊な使命を帯びた施設の性質上、万一の再敷設に備えていた可能性も考えられた

銘板には「浦賀船渠株式會社製造　明治四十三年十二月」と刻まれ（左）、桁の鋼材にはイギリスを示す「ENGLAND」の陽刻が認められた（右）

華奢な桁と、頑強な橋脚とのアンバランスが印象的だった

その桁の一部が現地に保存され、立派な解説板も設置された

墓地に阻まれ完成しなかった「幻」の高架橋

架線柱まで完成していた高架橋も今は無く 「旧吹田操車場」・大阪府

1988年 2021年 巡礼

私が高校生の頃に撮影した吹田操車場の古い写真がある。今から40年近く前のその写真には、墓地の手前で途切れた高架橋が写っており、もう一枚には、その反対側で続きとなるはずだった高架橋が写っていた。レールこそ敷かれていなかったものの、架線柱までが完成していた様子が見て取れた。

その古い写真を手掛かりに、今の様子を確かめるために現地へ行ってみることにした。写り込んでいる建物の特徴から、写真を撮影した位置を特定することができたが、高架橋があった位置は道路に変わり、一帯は北大阪健康医療都市『健都』へと姿を変えていた。

増え続ける取り扱い車数

吹田操車場は、第一次世界大戦の勃発で貨物の動きが活発になることを見越して、一日の取り扱い車数の目標を２０００両に定め、１９１９年に着工、１９２３年に開業した。

１９２９年には、取り扱い車数を３５００両に増やす目的で第2期拡張工事に着手され、１９３４年に完成した。この時点で日本一の操車場となった。

さらに１９４０年には、日中戦争の深刻化で物資移動の激増が予測されたことから、取り扱い車数６０００両を目標に第３期拡張工事に着手された。

東洋一のハンプヤードに

１９４３年には第３期拡張工事が竣功、ついに「東洋一のハンプヤード」とまで謳われるようになった。

戦後には、構内作業の安全化と省力化への設備投資が積極的に行われるようになり、１９５３年からは、貨車の車輪を機械的に締めて減速させる「カーリターダー」の使用が開始され、１９５８年には自動仕訳装置の使用も開始された。これによって方向別線へのポイントの切り替えが自動化された。

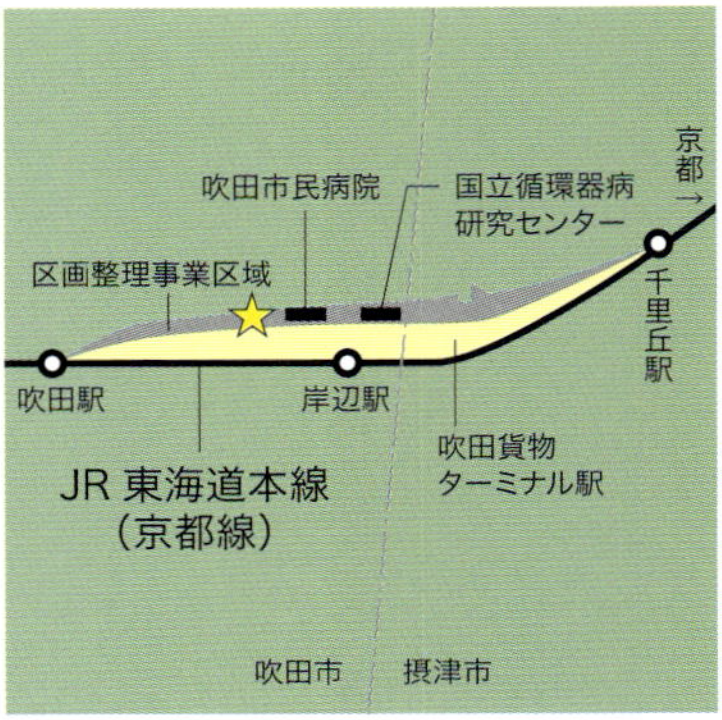

本項の代表的な構造物・地点の位置データ
☆「幻」に終わった高架橋の跡地
34.774185, 135.534447

用地買収が難航するうちに…

１９６３年度には一日取り扱い車数の年間平均が６５７５両と史上最高を記録し、そのときの現場の大変さを、当時の職員は「どれだけ列車を仕立てて出しても、貨車が無限に湧いてくる」と表現したほどだった。

そこで、１９６６年に第4期拡張事業に着手された。この事業の中には、上り貨物線のさらに北側をバイパスするように、新たな複線を高架で建設する計画が含まれていた。上り着発線から続く1本は、建設予定の複線の下をくぐって北側へと顔を出し、そこからは3線が並んで、「上り貨物線第4場内信号機」と「第3出発信号機」の先で上り貨物線に合流するはずだった。

ところが、用地買収が難航するうちに、取り扱い車数が激減してしまった。１９６０年代後半は６０００両を割り込む年度が続き、１９７２年には５０００両をも割り込んだ。

結局、拡張事業は見直しとなり、一部が完成していた高架橋も工事が凍結となってしまった。

私が高校生の時に撮影した、墓地の手前で途切れた高架橋の写真は、用地買収が難航し、結果的に事業が断念されるに至った、まさにその現場を捉えた一枚だった。

吹田操車場がまさかの機能停止に

取り扱い車数の減少はその後も止まらず、１９７５年には４０００両を割り込み、１９８２年には３０００両をも割り込んで、２９９３両となってしまった。これはピーク時の半分にも届かない数字だった。

１９８３年、国鉄本社は今後の貨物輸送を操車場集結方式から、拠点駅間直行輸送方式へ転換するダイヤ改正を１９８４年に実施することを発表した。これによって１００を超える操車場が機能を停止することとなり、その中には吹田操車場も含まれていた。77万平方メートルの巨大な敷地を誇り、８５０人を超える職員が働いていた吹田操車場も、ついにその役目を終えた。

跡地の再開発で景観は激変

その後の焦点は跡地利用へと移り、２００６年には吹田市と摂津市による「吹田操車場跡地まちづくり計画委員会」が発足した。梅田貨物駅からの機能移転を受け入れる吹田貨物ターミナル駅の建設と並行して、街の再開発テーマに掲げられたのは『緑と水につつまれた健康・教育創生拠点』だった。

前述のとおり、そのプロジェクトは北大阪健康医療都市『健都』と名づけられ、岸辺駅の北側には国立循環器病研究センターを核とする医療・研究施設が完成した。ここに未完成のまま放置されていた高架橋があったことなど、もはや想像すらできないほどだった。

墓地に阻まれて未完成のまま途切れていた高架橋。第4次拡張事業が断念に追い込まれるに至った、まさにその現場を捉えた一枚だった

約40年前の1988年に撮影した「幻」の高架橋。架線柱まで完成していたが、肝心のレールは敷かれておらず、のちに解体されて姿を消す運命にあった

左の写真の2021年現在の様子。右後方に建つビルの特徴から、この位置を特定するに至った。高架橋はすっかり撤去され、道路へと変貌していた

一般客は乗車できなかった「幻」の寝台車

東海道本線を行き交っていた列車の中には、工事用臨時列車（工臨）があり、ロングレール輸送の工臨には、工事用の寝台車が連結されることもあった。それが「オヤ62形」で、下段のみの寝台のほか、厨房、シャワー室まで備わり、定員はわずか8名だった。一般客が乗車することはもちろん許されず、しかも改造からわずか3年で「幻」のごとく引退してしまった。

ディーゼル発電機を搭載して、空調も完備していた。1984年に改造により誕生したが、わずか3年で廃車となった

手前がオヤ62 11で種車はオハフ41 203（←スハフ42 278の改造）、奥がオヤ62 12で種車はスハフ42 314

わずか9年で役目を終えた「幻」の鉄道遺構

レンガ積みのアーチ橋が激動の歴史を伝える 「大仏鉄道」・京都府〜奈良県

2022年 巡礼

「幻」の鉄道として周知がなされ、それによって広く知られるようになったという珍しい廃線跡がある。京都府木津川市の加茂駅と、奈良県奈良市の奈良駅の約10キロを結んでいた関西鉄道大仏線、通称「大仏鉄道」の跡である。なぜ、大仏鉄道が幻の鉄道と呼ばれているのかといえば、営業されていたのが、明治期のわずか9年間だけであったためだ。

ただ、その割には立派なレンガ積みのアーチ橋や石積みの橋台などが現存し、交通の便も良く、散策ルートとして好適な条件が揃っていたため、積極的な周知がなされるようになった。

マップを片手に遺構めぐりへ

加茂駅に降り立つと、さっそく大仏鉄道の案内標識が目に入る。毎週土曜と日曜に開設される観光案内所では、「幻の大仏鉄道遺構めぐりマップ」の配布も行われている。このマップには見どころの位置と写真が掲載されており、推奨ルートに沿って歩いてゆけば、迷子になることなく、効率的に遺構をめぐることができる。

マップで最初に紹介されているのは加茂駅のランプ小屋と、旧跨線橋支柱で、特にランプ小屋は全国的に見てもかなり大柄な珍しい存在だ。

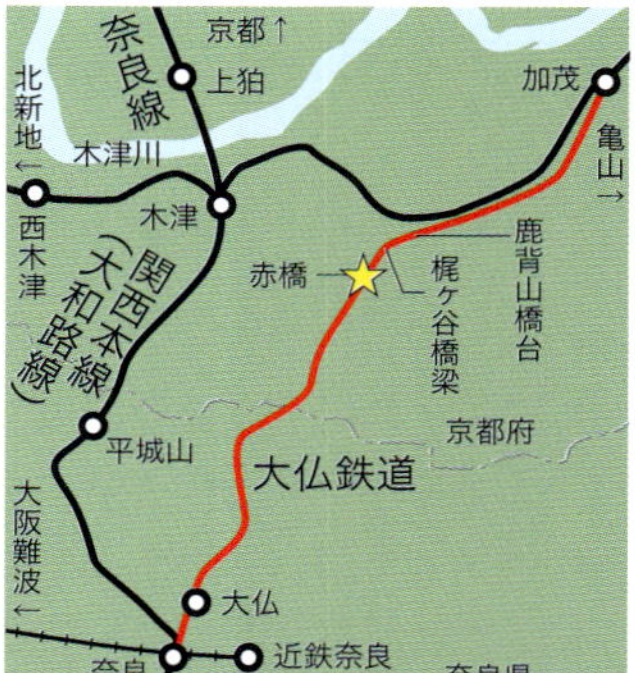

本項の代表的な構造物・地点の位置データ
☆ 大仏鉄道の赤橋
34.730992068781354,
135.84399420453389

加茂駅を出てしばらくは、大仏鉄道のルートと現在のＪＲ関西本線が重複しているため、線路に沿って歩いていく。その途中には蒸気機関車のＣ57形の展示も行われており、散策ルートの魅力を高めている。

関西本線との分岐点付近で観音寺橋台、大仏鉄道の単独区間に入ってからは鹿背山橋台が現れる。いずれも石積みの立派なもので、特に鹿背山橋台は小さな水路を跨ぐために、かなり大きな橋台が構築されており、周囲の自然景観とも相まって、大仏鉄道の魅力を伝える遺構としてよく紹介されている。

通行可能である点が魅力

鹿背山橋台から約1キロの位置にあるのが梶ヶ谷橋梁で、その約300メートル先にあるのが赤橋だ。いずれも道路との立体交差のために設けられたが、梶ヶ谷橋梁のほうはレンガ積みのアーチ橋、赤橋のほうは短いスパンの桁橋となっている。いずれも通行可能である点が魅力で、梶ヶ谷橋梁の中に入って見上げると、5段の切石の上に続く規則正しいレンガの模様が機能美を感じさせる。

赤橋のほうは、跨ぐ道路は細いにもかかわらず、橋台に施された装飾への熱の入れようには、驚かされるほどだった。上部の帯石には花崗岩の切石を配し、角の隅石の部分にも切石を長短交互に重ねる「算木積み」が採用され、イギリス積みで構築されたレンガとのコントラストにより、見た目にも優美に仕上げられていた。

異様に縦長な姿がユーモラス

下梅谷バス停付近では、道路との交差部にあった井関川橋梁が撤去され、築堤も切り崩されているため、大仏鉄道の面影はいったん途切れるが、その先では松谷川橋梁と鹿川橋梁が道路の下部構造の形で再び現れる。

いずれもレンガ積みのアーチ橋であるが、それぞれに特徴と魅力があり、過去にも拙著で紹介させていただいた。

松谷川橋梁のほうは、色の濃淡が異なるレンガの層を交互に持ってきて、視覚的な美しさを表現する「ポリクロミー」が採り入れられており、明治の職人たちの心意気が伝わってくる。

鹿川橋梁のほうは、用水路を跨ぐだけの小規模アーチ橋であるが、農作業で行き来する人が通れるように設計されていた模様で、異様に縦長な姿がユーモラスだ。それとともに、切石による装飾がとても重厚で魅力的だった。

なぜ9年で営業を取りやめた?

これだけ立派な施設を構築しておきながら、なぜ大仏鉄道は1898年の開業からわずか9年で営業を取りやめてしまったのだろうか。その理由は、加茂駅と奈良駅の間に「黒髪山トンネル」をピークとする急勾配があり、当時の最新鋭の蒸気機関車をもってしても、上り切れないことがたびたび起こるほどの難所となっていたからだった。

1907年8月に加茂駅から木津駅を経由して奈良駅に至る平坦なルートが開業すると、難所を抱えた黒髪山トンネルを経由するルートは必要性を失って休止となり、その年の11月で廃止となったのだった。

明治の後期は、鉄道の敷設や買収、廃止などが繰り返された激動の時代であり、大仏鉄道も、「幻」の鉄道として再注目されることがなければ、歴史の中に埋もれたままだったに違いない。

「幻の大仏鉄道」の魅力を伝える代表的な景観としてたびたび紹介されている鹿背山橋台は、丹念に組み上げられた石積みが魅力だ

梶ヶ谷橋梁は現在でも内部を通り抜けることが可能で、上部のレンガ積みのアーチと、下部の石積みとのコントラストが機能美を感じさせる

赤橋は下をくぐる道路が細い割に、高さがあるためユーモラスな姿となっており、しかも花崗岩を算木積みで構成するなど見た目にも美しい

鹿川橋梁も縦長のユニークな姿となっており、農作業で行き交う人たちのためにこのような設計になったと考えられる。アーチの石組みも端正だ

紀伊半島縦断を夢見て果てた「幻」の高架橋

古い高架橋とその先の路盤が壮大な夢を物語る 「阪本線／五新線」・奈良県

2024年 巡礼

日本で一番大きな半島である紀伊半島は、紀ノ川と櫛田川を結ぶ中央構造線以南の広大な一帯を指すことが一般的で、半島の海岸線に沿って半周する紀勢本線は、和歌山駅から松阪駅までの区間だけでも、およそ350キロに達する。特急を乗り継いでも、約6時間を要する道のりだ。

このような地勢的特徴に加えて、杉や檜などの林産資源を豊富に有することから、その輸送手段としても紀伊半島を縦貫する鉄道の敷設を求める声が明治の頃から上がっていた。

そこで吉野杉の集積地として知られる奈良県五條市から、丹生川に沿って南下し、大塔、十津川を経て和歌山県新宮市へと至る総延長約100キロの「五新線」が計画された。

地元を二分する大混乱

1939年には五条〜城戸〜阪本間の約22・5キロを「阪本線」の名称で着工、路盤は着実に完成していったが、太平洋戦争による工事の中断や、1959年に当時の国鉄が提案した五条〜城戸間の国鉄バスによる運行案に対し、地元を二分する混乱が発生するなどしたため、供用開始はずいぶんと遅れた。

その混乱の最中には、すぐ近くまで営業エリアを広げる近畿日本鉄道が、和歌山線を経由して阪本線に乗り入れることを提案した。大阪阿部野橋駅から阪本駅まで直通する電車を30分間隔で運転、電化などに要する費用も近鉄側が負担するという魅力的なものだった。それほどまでに、このルートは価値が見いだされていたのだ。ただ、国鉄の現場責任者や労働組合などはこの提案に否定的だったという。

最終的には五条〜城戸間を舗装してバス専用道とし、阪本までの路盤が完成した時点で鉄道に転換することを条件に、1963年にようやく開通した。

本項の代表的な構造物・地点の位置データ
☆ 宗川橋梁　34.263862, 135.746036

阪本までの工事も進んだが…

城戸～阪本間でも、1967年から日本鉄道建設公団の手で工事が開始され、城戸トンネル、坂巻トンネル、八坂トンネルなどの掘削が進められた。1972年には約5キロにも及ぶ天辻トンネルが竣工、1980年までには西野トンネルも竣工した。あとは途中にループ線を擁する計画の立川渡トンネルを掘削すれば、それでトンネルは全部が揃うはずであったが、着工に至らぬまま、1982年で工事が凍結されてしまった。

バスによって運行されていた五条～城戸間も、国鉄から営業を引き継いだ西日本JRバスが撤退、その後を継いだ奈良交通も2014年にバス専用道から一般道経由にルートを変更したため、紀伊半島を縦断するという壮大な夢を抱いて工事が進められた五新線の施設群は、ついにそれを果たすことなく使命を終えることになった。

美しいアーチ橋が市街地に連続

五新線のルートは、和歌山線を五条駅から約1キロ進んだ地点からスタートする予定となっていた。緩やかにカーブを描きながら和歌山線と分かれ、その先ではコンクリート製のアーチ橋が連続して、市街地の家並みの上を進んでいく。以前は国道24号線を跨ぐコンクリート製の桁が架けられていたが、拡幅に伴って撤去され、両端がスッパリと切り取られて国道の両側に立ち尽くしていた。

アーチ橋はさらに南の方角へと続いていくが、少しカーブを描きながら続く景観は、どこかヨーロッパの古代遺跡を見ているような感慨があった。工事が行われたのが戦時下だったこともあり、鉄材を極力使わないコンクリートアーチ橋が多く採用されたわけだが、それが現代の視点からはレトロで優美さを感じさせることに繋がっているのかもしれない。

そのアーチ橋は吉野川の北詰で突如として途切れている。工事は川の中に太い円筒形の橋脚を建てるところまで進んでいたのだが、洪水対策などのため後年に撤去されてしまった。伝承では無筋であったとされていたのが、撤去の際に確認すると、鉄筋と竹筋の混用であったことが判明したという。

野原駅予定地は大きく変貌

吉野川を渡った先には、対岸から続く橋梁を受けるための橋台がポツンと取り残されていた。その先には野原駅の設置が予定され、付近には築堤や道路を跨ぐ橋台なども完成していたが、それらはすべて撤去され、一直性に伸びる道路へと姿を変えていた。

国道168号線と交差する手前からは築堤や橋台が再び姿を現し、スーパーの裏には小さな橋梁も残っていた。

五新線は市街地を連続するアーチ橋で抜け、吉野川を前にした地点で途切れていた。対岸には橋台が残るが、橋脚は撤去された

吉野川の対岸にはポツンとコンクリート製の橋台が残っていた

野原駅予定地の少し先に残っていた重厚で頑丈そうな橋梁

沿道には「国鉄自動車専用道」の錆びた標識が残っていた

生子トンネルはコンクリートの劣化で立入禁止となっていた

大日川トンネルと衣笠トンネルに挟まれた橋長42.6mの黒渕橋梁

鉄道駅として計画されたが、バスの発着のみで終わった城戸駅

橋長62mの第6丹生川橋梁を見上げると物凄い迫力だった

かつてはバス専用道であった橋長65.1mの第7丹生川橋梁の下を、一般道経由に変更となった城戸行の奈良交通バスが通過していった

かつてバス専用道となった区間へ

国道と交差した先からは、かつてのバス専用道の区間へと差し掛かる。現在は五條市が管理する市有地となっており、道路の扱いではないため、「一般通行禁止」の看板がいくつも建てられていた。この先、生子(おぶす)トンネルの付近までは戦前に路盤が完成していた区間であるが、路盤を跨ぐように設けられた跨線橋は立派なアーチ橋となっており、この下を通る予定だった五新線と共通する設計が用いられたようだった。

一般道とバス専用道との交差部には、古レールで組まれた柵が残り、一度も鉄道車両が走ったことのない区間ではあったものの、鉄道の薫りを強く感じさせた。この霊安寺付近では五新線の駅を誘致したいとする声も上がっていたが、計画に盛り込まれることはなかった。

全て個人の責任になります

霊安寺付近の交差点にも、「この先進入禁止」の看板が立てられ、その文面には「市有地内での事故について市は一切保証しません。事故による責任は全て個人の責任となります。五條市」と強い調子で注意を促す文字が並んでいた。

もっとも、かつての向霊安寺バス停付近までは、とても見通しの良い、のどかな田園風景を進んでいくので、あまり事故が起きそうな場所には思えなかった。

第二発電所口バス停、上柏原バス停があった付近からは、丹生川に沿った谷筋が狭まって、両側の山々が迫ってくるようになる。

ここで第1丹生川橋梁を渡るが、丹生川橋梁は第1から第9までの9本が存在し、五新線は丹生川と何度も交差を繰り返しながら、橋梁とトンネルでこの険しい地形をさかのぼっていく。

正面に開口する生子トンネルは、内部のコンクリートが劣化しているといい、頑丈なフェンスで封鎖されていた。

賀名生〜城戸間は歩行者に開放

前述のとおり、五条駅を起点に2・1キロ地点に野原駅の設置が予定されていたが、その次は8・4キロ地点に賀名生(あのう)駅の設置が予定されていただけで、途中の6キロ以上の区間には、駅の設置が予定されていなかった。賀名生は、約700年前に南朝の天皇が四代にわたって住んだ皇居が所在する場所で、堀家住宅は重要文化財となっている。

この賀名生駅の予定地から、11・6キロ地点の城戸駅の予定地にかけての路盤は、「ウォーク専用道」として歩行者に向けて常時開放されている。

この区間には第7丹生川橋梁、黒渕橋梁、第8丹生川橋梁があるほか、大日川トンネル、衣笠トンネル、黒渕トンネルが存在するため、懐中電灯を携行するよう利用者に呼びかけている。

トンネル群はロケ地として活用

城戸駅の予定地は敷地が広く確保され、一角には鉄道駅と見紛う旧国鉄バスの駅舎まで設けられていた。当初は駅舎の窓口で出札も行われていたという。現在は「五新鉄道トレインパーク」として活用され、第2・第4土曜日に営業を行うという。

五条〜城戸間は、約50年にわたってバス専用道として活用された歴史があるが、いよいよ城戸駅から先は、一度も旅客輸送に供されたことのない、まったくの「幻」の区間へと突入する。城戸駅の先に続く第9丹生川橋梁の上だけは、五條市役所西吉野支所の職員用駐車場として活用されていた。

第9丹生川橋梁の先に開口している城戸トンネルは、現在は立ち入りが禁止となっているが、この先のトンネル群は、映画「萌の朱雀」のロケ地として活用された。作品はカンヌ国際映画祭で新人監督賞を受賞している。

この城戸トンネルの南側の坑口も探索したが、木々の向こうに辛うじて開口している姿が見えただけで、近くまでたどり着くことはできなかった。

五新線のハイライトは宗川橋梁

八坂トンネルの南側の坑口から続くのは、延長148・6メートルの宗川橋梁で、国道168号線を一跨ぎにしていくスケールの大きな橋だ。鮮やかな柿色の塗装と相まって、五新線を象徴する存在としてよく知られている。しばらくは惚れ惚れとその全景を眺めた。この宗川橋梁を自分の目で見られたことが、今回の巡礼での最大の成果であった。

宗川橋梁を渡りきったところには西野トンネルが続き、五条駅から14・5キロ地点には立川渡駅の設置が、その先ではループ線を擁する立川渡トンネルの掘削が計画されていたが、いずれも未着工のままで終わっている。

工事終端は突然に出現

五新線の工事終端にあたる天辻トンネルの南側の坑口は、猿谷ダムの上流部の、流れが穏やかな天ノ川の畔に開口して、そこで突然に終わっていた。一時は内部が「大阪大学核物理研究センター」として活用されていたが、いまは静かな闇が続いていた。

川の対岸には、五条駅から22・1キロ地点に阪本駅の設置が計画されていたが、用地買収さえ未着手だったといい、まったくの「幻」だったようだ。

ここからゴールの新宮駅まで、まだ80キロほどもある。しかも地形は変わらず険しいままだ。計画の半分にさえも遠く及んでいなかった五新線の前途が、いずれにしても厳しかったことを、斜めに切られた天辻トンネルの坑口の前でしみじみと感じた。

坂巻トンネル、八坂トンネルはともに完成していたが、一度も列車が走ったことのない橋梁の上は、まるで古代遺跡のように苔むしていた

五新線のハイライトと呼ぶべきは橋長148.6mの宗川橋梁で、1976年に竣工した。当初は青色だった橋脚は柿色に変わっている

5039.5mの天辻トンネルも完成し、一時は大阪大学の観測所として使われた。国道168号線の拡張工事で2007年に坑門が斜めに削られた

二度の工事でも開通しなかった「幻」の鉄道

新旧二本の未成線が並ぶ光景は悲哀に満ちる

「今福線／広浜線」・広島県～島根県

戦前と戦後の二度にわたって工事が進められながら、どちらも開通することなく「幻」に終わってしまった鉄道が存在する。島根県の「今福線」だ。

今福線は戦前に着工された旧線が下府～石見今福間の15・7キロ、戦後に着工された新線が浜田～石見今福間の11・8キロといずれも短いが、その全貌は広島と浜田を結ぶ陰陽連絡鉄道の実現を目指す壮大なものだった。

広島～浜田間の鉄道への熱意は明治中期にはすでに高まっており、1896年に広島県側から広浜鉄道が、島根県側からは芸石鉄道が免許を申請している。ただし実現には至らなかった。

広浜線の建設が閣議決定

大正時代に入ると、熱量はさらに高まり、1921年には「広浜鉄道期成同盟会」が組織されるほどにまでなった。そしてついに、1927年に広浜線の建設が閣議決定され、広島県側では広島～坪野間、島根県側では浜田～石見今福間が着工されることになった。しかし、景気の低迷で予算化は先送りされ、実際の着工は1933年になってからだった。

広島県側では可部～安芸飯室間で工事が順調に進み、横川～可部間を運営していた私鉄の広浜鉄道を買収して、1936年には横川～可部～安芸飯室間で可部線として営業を開始した。

今福線も着工されたが…

島根県側でも今福線の工事が同時に始まったが、起点は浜田駅ではなく、隣の下府駅に変更となった。トンネルを極力少なくするため、下府川に沿ったルートに変更したものと考えられるが、この決断が後々に大きな災いをもたらすこととなった。それだけでなく、戦時体制への突入に伴って、工事自体も1940年に中断してしまった。

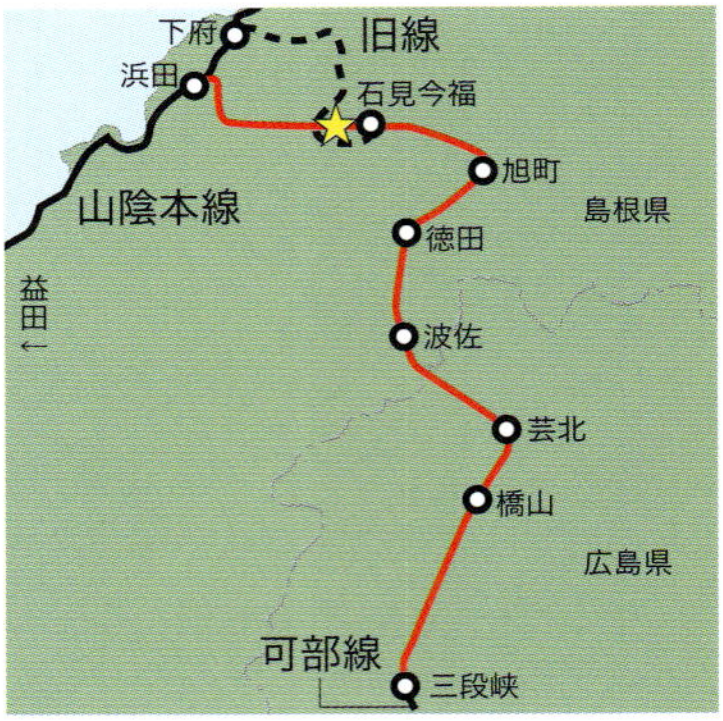

本項の代表的な構造物・地点の位置データ
☆ 新旧橋梁の並行地点　34.876503, 132.167454

旧線を放棄して新線を着工も…

戦後になって世情が落ち着いてくると、工事再開への機運も高まってきたが、ここに来て、前述のルート変更が災いした。せっかく構築した路盤が、下府川の二度にわたる大水害で崩壊し、橋脚も損傷してしまったのだ。

そもそも、トンネルを極力減らす目的で採用されたと考えられる戦前のルートでは、急カーブや急勾配が存在し、時代の要請である速達化には不向きであると判断された。このため、戦前に工事が進められた今福線の旧線は、ほぼ完全に放棄されることになった。

そして、戦後に設定された新線のルートは、トンネルで一直線に石見今福駅を目指すものとなり、起点も下府駅ではなく、浜田駅へダイレクトに発着するよう改められた。ルートを新線に変更したことで、広島～浜田間の所要時間は約3時間と見込まれるなど、今福線、そして全通後の広浜線への期待は高まるばかりだった。

工事は中断、再開はされず…

１９７４年には今福線の新線の起工式が行われ、その後は工事も順調に進んでいた。

広浜線の広島県側でも、１９６９年に可部線が三段峡駅まで延伸され、島根県との県境まであと10キロという地点に到達していた。

ところが、ここに来て国鉄の経営不振が深刻化し、日本鉄道建設公団（現・鉄道・運輸機構）の手で進められていた工事が１９８０年でストップしてしまった。

ただ、再開のチャンスが無かったわけではない。中津川線の項目で触れたとおり、地元で第三セクター鉄道などを設立して引き受けの意思を示せば、工事を再開できるという取り決めがあったのだ。しかし、広浜線に関しては、そうした機運は盛り上がらずに終わってしまった。そのひとつの理由に、浜田自動車道の整備が具体的に進みつつあることがあった。

浜田自動車道は１９７０年に基本計画が決定し、１９７３年には旭～浜田間で、１９７８年には全線で、整備計画決定および施行命令が発せられており、広浜線の工事が中断となった１９８０年は、高速道路の工事がまさに着々と前進している時期であったのだ。

こうして、今福線の新線を引き受けようとする事業主体は現れず、広浜線という全体構想を実現するチャンスも永遠に失われてしまった。

浜田自動車道は１９９１年に全通を果たし、今も広島～浜田間を直結する高速バスが高頻度で運転されている。

広浜線の広島県側を構成するはずだった可部線も、可部～三段峡間が２００３年に廃止されてしまい、もはや構想自体が忘れられてしまった。

今福線の旧線は下府駅で分岐する予定となっていた

有福第3トンネルの前には桁が未施工の橋脚が現存していた

5連アーチ橋は拡幅されて道路橋として転用されている

全長190mの今福第3トンネルも以前は通行が可能だった

端正な姿の4連アーチ橋は土木学会から選奨土木遺産の認定を受けた。対岸には全長82mの今福第4トンネルが開口している

今福第1トンネルに続く橋脚群も、戦時下で鋼製の桁が調達できずに終わった名残をとどめる。円柱型と角柱型の橋脚が使い分けられていた点も注目だ

今福線の旧線を巡礼する

今福線の旧線が分岐するはずだった下府駅は、一日平均乗車人員が１００人を下回るほどの静かな駅だ。今福線が当初計画のとおりで開通していれば、下府駅の様子もあるいは異なったものとなっていたかもしれない。

下府駅を出てすぐの位置にあった下府橋梁は、２０１５年の道路改良工事で撤去されて姿を消していた。

その先では、緩やかなカーブを描いたあと、東の方向を直線的に目指す道路が続いていた。旧線の用地のうち、下府駅付近から佐野上地区にかけての約11キロの区間については、道路用地として浜田市に売却されたのだった。

一直線に伸びる道路は、すっかり地域の光景の中に溶け込んでおり、この道路が旧線の跡であることを下調べせずに走っていれば、そうとは気づかなかったかもしれない。

下府川沿いの険しい地形を行く

その先の上府第1トンネル、第2トンネルは姿を留めており、以前は自動車での通り抜けも可能だったそうだが、亀裂や漏水などの老朽化のほか、通行を巡るトラブルで封鎖となっていた。

下府川を跨ぐはずだった橋梁は、橋脚が完成していたのだが、治水目的で撤去されてしまっていた。有福駅の予定地付近も、路盤が県道のバイパス用地として転用され、面影を失っていた。

そのまま県道３０１号線を進んでいくと、下府川に沿った谷筋はどんどん狭くなってゆき、道路沿いに今福線の背の高い橋脚が急に現れるようになる。その先にはトンネルが開口しているのも見えた。トンネルを極力避けるために採用されたとされる下府川沿いの旧線のルートも、実際にはトンネルを皆無にはできなかったようで、この周辺の地勢の険しさが実感された。

圧巻は、今福第1トンネルに続く橋脚群で、円柱形のものと角柱形のものが使い分けられ、それらが谷を横切って並んでいる光景は、旧線を代表する景観としてよく紹介されている。

これらの橋脚に、桁が架けられることは最後まで無かった。橋脚が完成した頃には、もう鋼製の桁の入手は困難で、明確な軍事目的を有している路線でもない限り、桁は回ってこなかったようだ。設計段階や着工時点では、桁がここまで入手困難となることなど想定できなかったであろう。

他路線でも、鋼製の桁の入手が困難となって以降は、コンクリート製のアーチ橋が多用されるようになったが、今福線でも、これより先の区間ではアーチ橋が連続するようになる。

中でも有名なのが「おろち泣き橋」と命名された4連アーチ橋で、橋の下のある1点に立つと、おろち(龍)の泣く声が聞こえるというのが由来だった。

今福線を象徴する新旧の並び

今福線を象徴するのが、新旧の橋梁が並行するように架かっている光景だ。

下府駅から伸びてきた旧線は、新線とは第2下府川橋梁の付近で出会い、その下をくぐる形となっていた。新線は、この第2下府川橋梁の付近まで、浜田駅側から佐野トンネルをくぐって到達するはずであったが、佐野トンネルは未着工のままに終わっている。

旧線はその先で新線に取り込まれながら4連アーチ橋へと続いてゆき、新線のほうはまっすぐに第1下府川橋梁へと進む設計になっていた。

旧線はここからさらに蛇行しながら今福第6トンネルのほうへと進んでいくが、そんな旧線のことはまったく無視するかのように、新線は延長163メートルの下長屋トンネルへと突入し、トンネルを抜けた100メートルほど先で、再び旧線と合流していた。

ポツンと残る今福橋梁

下長屋トンネルを抜けた先で合流した新線と旧線は、並行するように建設されたが、今福橋梁は新旧で大きさがまったく違うところが象徴的だった。1970年に完成した新線の今福橋梁は、前後が途切れてポツンと存在し続けており、「幻」の鉄道であることを改めて印象付ける存在となっている。

石見今福駅は高架のホームが建設される予定となっていたため、一部でコンクリートの構造物も完成していたが、県道のバイパス工事で撤去され、現在では平坦な駐車場に変わっていた。

広浜線の全通を目指して着工も…

1970年に工事が始まった新線の浜田～石見今福間に続いて、三段峡～石見今福間の41・6キロについても、1973年に起工式が行われた。

広島県側では三段峡トンネルの調査坑が掘削され、橋山駅や芸北駅の予定地では用地買収も行われた。

島根県側でも、1976年に旭町（現・浜田市）の丸原地区で着工され、400メートルにわたって路盤の工事が進められた。延長120メートルの丸原トンネルや、延長80メートルの御神本トンネルも完成していたが、1980年の工事凍結で、実用に供されることはついになかった。

前後に鉄道が接続していない山間部に、突然に立派なトンネルや橋梁が出現する光景はなかなかシュールで、拙著の「鉄道『裏』巡礼」（イカロス出版刊）でもその様子を紹介させていただいた。

今福線の建設遺構は、2008年に土木学会が「今福線コンクリートアーチ橋群」を選奨土木遺産に認定したことが大きなきっかけとなって、「幻の広浜鉄道」として注目を集めるようになり、各所に解説板も設置されたことで、観光資源としての評価を高めつつある。

新旧どちらも「幻」に終わったという全国でも珍しい橋梁の並び。それほどまでに広浜線への熱意は高かったのに、壁も高かった

「おろち泣き橋」は今福線が完成しなかったことを嘆くおろち（龍）の泣き声が聞こえるとされ、観光客が足を止めるスポットとなっている

全長1633mの下長屋トンネルは完成後も未使用のままだった

プツンと途切れた今福橋梁は「幻」の鉄道を象徴するようだった

全長80mの御神本トンネルも、その向こうは視界不良だった

電化に対応した「1号型」となっているのは凍結対策との推論もある

寺廻橋梁を下から見上げると現用中の鉄道施設にしか見えない

その寺廻橋梁も、使われないまま柵などが老朽化してきている

トロッコ遊覧車が走る「幻」の陰陽連絡鉄道

立派な高架橋を〝とことこトレイン〟が往来 「岩日北線」・山口県～島根県

1998年 2007年 巡礼

「岩日北線」は、山口県岩国市の錦町駅から、島根県吉賀町の六日市駅の予定地にかけての16・6キロの区間で工事が進められ、1977年までには橋梁やトンネル、路盤のほとんどが完成したにもかかわらず、未開業のままで放置された「幻」の鉄道のひとつである。

この岩日北線に関して、1997年12月17日付の新聞に、「挫折の鉄路 観光で再生」との喜ばしい見出しが躍った。施設を管理していた国鉄清算事業団が、約12キロの区間について、橋梁やトンネルの補修や路盤の舗装を行ったうえで無償譲渡を行い、地元では観光目的で活用するという記事だった。

補修後の無償譲渡は全国初

当時の国鉄清算事業団では、全国各地に未開業の「幻」の鉄道を抱えており、その処分を急いでいた。岩日北線の場合も、売却または無償譲渡の方針で錦町(現・岩国市)に打診を行った。しかし、巨額の補修費が見込まれたことから、町はこれを拒否、逆に補修後の引き渡しを提案して、妥結に至った。

仮に関連施設をすべて撤去するとした場合、10億円以上を要すると見込まれたことから、補修を行ってでも無償譲渡を行ったほうが、トータルでは負担が軽くて済むとの事情もあった。

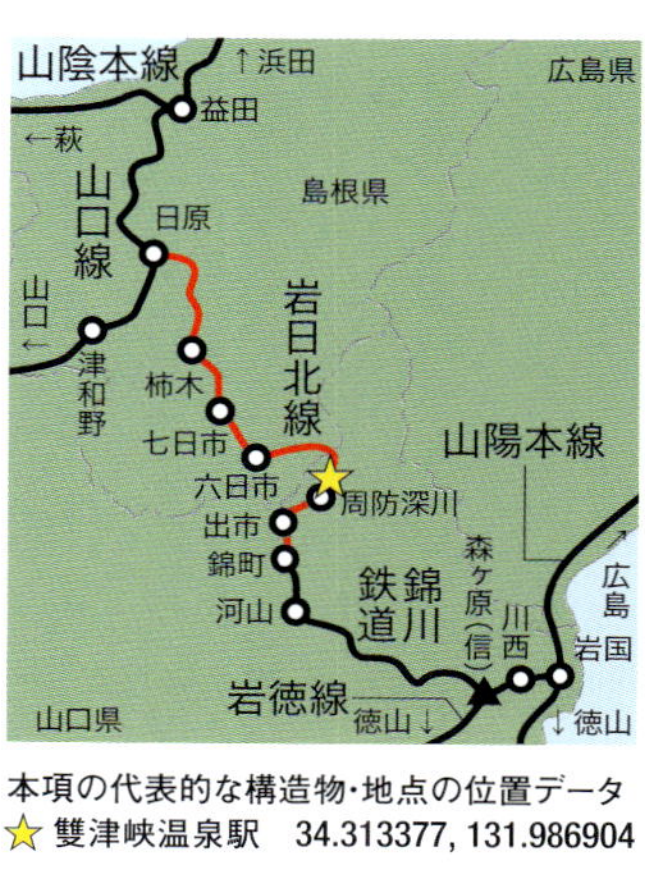

本項の代表的な構造物・地点の位置データ
☆ 雙津峡温泉駅 34.313377, 131.986904

岩日北線は、山陽本線の岩国駅と、山口線の日原駅とを結ぶ陰陽連絡鉄道「岩日線」を構成する一部として計画され、1963年に錦町駅までが開業したことを受け、1967年に着工された。以来、183億円が投じられ、11ヵ所のトンネルと8ヵ所の高架橋が完成していたが、第三セクター鉄道としての開業は、採算上の理由からすでに断念されていた。全国初の交渉が実ったことで、危うく無駄になるところだった施設群は、ゴムタイヤを履いたトロッコ遊覧車を走らせるという夢のある方法で活用されることになった。

観光活用の前と後に巡礼

岩日北線の現地へは、まだ観光活用に向けた工事が始まる前の１９９８年と、路盤の補修や舗装の工事が完了してトロッコ遊覧車が走り始めた後の２００７年の2回、巡礼に訪れた。

　１９９８年の巡礼のときには、錦町駅のすぐ北側にある広瀬トンネルは、まだ頑丈なフェンスによって封鎖されている状態だった。このときは自転車を携行していたので、国道１８７号線を経由して広瀬トンネルの反対側まで回り込んだ。広瀬トンネルの先に伸びる高架橋には、出市駅のプラットホームも完成していたが、その手前には「立入禁止」の標識が取り付けられた木製のバリケードが立ちはだかり、近づくことはできなかった。

　出市駅から続く、緩やかなカーブを描く路盤も、除草などの手入れは行われていたものの、舗装などは未着工で、報道にあった「観光で再生」はまだ実感できなかった。のちにトロッコ遊覧車の終点となる雙津峡温泉も、この時点では整備工事に着手する前だった。

　高根口駅の予定地より先では、国道４３４号線と宇佐川を一跨ぎにする第４宇佐川橋梁、そして全長４６７９メートルの六日市トンネルが完成していた。自転車で県境の山並みを越えるには、険しい峠道をたどるしかなく、必死にペダルをこいだ。夕暮れが迫るなか、六日市駅の予定地に着いたが、予定地周辺では跡地利用が進んでおり、鉄道への熱意はとっくに冷めていた。

とことこトレインに乗車する

　２００２年からは、舗装された岩日北線の路盤の上を、いよいよ前述のトロッコ遊覧車が走ることになった。この遊覧車は、２００１年に開催された山口きらら博で活躍していた2編成で、「とことこトレイン」と命名された。

　以前は頑丈なフェンスで封鎖されていた広瀬トンネルも、内部に蛍光石とブラックライトを組み合わせたイルミネーションが設置され、雙津峡温泉行きのとことこトレインはトンネル内で一時停車、乗客は下車して楽しむことができるようになっていた。

　前回は木製のバリケードが設けられていた出市駅のプラットホームも、とことこトレインの車内から、その姿を間近で見ることができた。第2小山トンネルの手前に設けられた雙津峡温泉駅は乗降客で賑わい、前回の巡礼時には静かだった岩日北線が輝いて見えた。

　こうした取り組みに、２００４年には国土交通省から、鉄道活性化部門における日本鉄道賞が授与された。遊覧車も、２００９年には電気自動車の「グローバル・トラム」に代替わりした。

　岩日北線を輝かせたこの取り組みが、またどこかで、別の「幻」の鉄道を輝かせることに繋がることを期待したい。

全長1796mの広瀬トンネルを抜けると、出市橋梁、第1宇佐川橋梁が連続する雄大な光景が広がっていた。高架上には出市駅のホームも見える

立入禁止の木製バリケードが立ちはだかっていた頃の出市駅

とことこトレインに乗車すると、出市駅の通過を体験することができる

まだ観光活用に向けた整備が未着手だったころの岩日北線の路盤（撮影：1998年）

ほぼ同地点の舗装後の様子。とことこトレインが行き交ったタイヤ跡が嬉しい（撮影：2007年）

とことこトレインの終点である雙津峡温泉には本格的な駅名標も整備された

とことこトレインが到着すると雙津峡温泉駅はしばしの賑わいを見せていた

第1、2、3須川トンネルと橋梁群で狭い谷筋を一直線に貫いていた

水面には橋梁が映るが、残念ながらここまではとことこトレインも走っては来ない

第4宇佐川橋梁で国道434号線と宇佐川を跨ぐと、その先で全長4679メートルの六日市トンネルへと突入、県境を越えてゆくはずだった

一度はレールまで敷設された「幻」のエース

トロッコ用レールが再敷設されて奇跡の復活 「油須原線」・福岡県

1995年 2020年 2021年 巡礼

九州の筑豊地区で産出された石炭を、周防灘に面した苅田港から積み出すための新ルートとして期待され、「東京、大阪への近道のエース」とまで呼ばれていたのが「油須原線」だった。

計画されたルートの全長は27・5キロで、既設線であった漆生線・漆生駅から、上山田線・上山田駅、日田彦山線・豊前川崎駅、さらには添田線・大任駅を経由して、田川線・油須原駅へと至り、その先では田川線・日豊本線・同貨物支線へと乗り入れて、苅田港駅に到達する構想だった。１９５７年に総工費24億円で着工され、１９６１年春には全線開通の予定であった。

度重なる開業延期

しかし、１９６０年代にはエネルギーの中心が石炭から石油へと移行する「エネルギー革命」が起こり、そこに国鉄の経営悪化も加わって、油須原線の開業時期は延期を繰り返すばかりだった。

１９６６年になって、ようやく漆生～豊前川崎間の17・8キロが開業したものの、本来の目的であったはずの石炭輸送は行われなかった。

残る豊前川崎～油須原間の9・2キロは、総工費12億円で１９６６年に着工され、１９７０年度の予算が確保されれば、翌年には開業のはずだった。

ところが、筑豊地区で炭砿の閉山が相次いだことから工事が中断、開業も先送りされてしまった。

１９７３年に日産自動車九州工場が苅田町に進出することが決まったときには、通勤需要が見込まれるとして工事が再開され、ついにはレールも敷設された。１９７５年には開業予定というところまで進んだが、収入の約10倍の赤字が見込まれるとの試算に国鉄が引き受けを拒否、またもや開業が延期されてしまった。

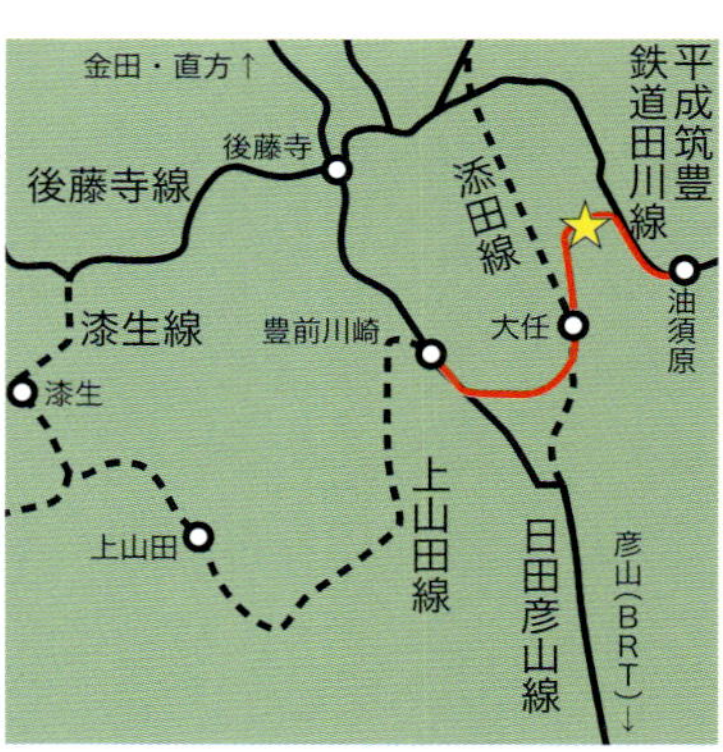

本項の代表的な構造物・地点の位置データ
☆野原越トンネル　33.623692, 130.865015

ついに開業の日は到来せず

せっかく予算が計上されても、ほとんどを返上するということを繰り返しているうちに、１９８０年に国鉄再建法が施行され、輸送密度が４０００人未満と見込まれる場合には工事が凍結されることになった。油須原線で想定された輸送密度は３００人で、その基準をクリアすることなど到底できるものではなかった。周辺の添田線、漆生線、上山田線も、１９８５年から１９８８年にかけて相次いで廃止となり、時刻表に「油須原線」の名前が掲載される日はついに到来しなかった。

残された770メートルのレール

豊前川崎～油須原間では、用地取得が93％、レール敷設が42％まで完了していたが、すべてが「幻」に終わってしまい、１９８９年に川崎町、添田町、大任町、赤村に施設が無償譲渡された。

「新幹線並みの高規格」とまで評されたレールは、一度も活用されることなく次々と撤去され、築堤も各所で切り崩された。

そんな中、赤村の７７０メートルの区間だけは、レールが撤去を逃れていた。１９９５年1月に初めて現地を巡礼した際の模様は、「走れ、トロッコ！輝け！錆レール」（イカロス出版刊）でも紹介したが、切り通しの区間は藪が深くて歩くのさえ困難で、路盤の真ん中からは太い樹木が生え、その下にあるはずのレールが見えないほどだった。

しかし、延長６３１メートルの野原越トンネルの内部には、白さを保ったままのコンクリート枕木に、頑強そうなレールが新品同然で残り、エースの呼び名にふさわしい姿を保っていた。

その年の9月には、村民が雑木を刈り払ってレールを掘り起こし、油須原線のレールの上を軌道自転車で走るイベントが開催された。その一番列車には、当時の村長が乗車された。このイベントは翌年にも開催されたが、合計2日間のイベントをもってレールは撤去された。油須原線の用地に導水管が埋設されることになったためだった。

トロッコ用レールで奇跡の復活

導水管の敷設工事のあと、その上を覆うコンクリートの床面には軌間６１０ミリのトロッコ用レールが再敷設され、２００３年からは「赤村トロッコ油須原線」の運行が開始された。神岡鉱山から譲渡されたバッテリー機関車が、トロッコを牽いて野原越トンネルの真ん中付近まで往復するというもので、２００５年からは村民が主体のボランティア組織「赤村トロッコの会」が、３月から11月にかけての月1回の運行を続けている。毎月、子供たちの笑顔があふれる光景は、「幻」に終わったエースにとって、むしろハッピーエンドであったと言えるのかもしれない。

1961年8月5日にしゅん功した延長631mの野原越トンネルは、1995年にイベントが開催されるまで、34年にわたって人知れず眠り続けた

油須原線を軌道自転車で走るイベントは2年連続で開催された

本村トンネルは「赤村トロッコ油須原線」の車庫として活用されている

整備が実施される前の1995年当時の本村トンネル付近の光景

整備が実施された後も本村跨線橋には「油須原線」のプレートが残っていた

1995年当時の切り通し区間は歩くのも困難なほどの藪となっていた

トロッコ用のレールが敷設され、油須原線の姿は見違えるようにきれいになった

蒸気機関車の展示に使われた「幻」の高架橋

展示場所として使われたのがせめてもの慰め 「高千穂線」・宮崎県〜熊本県

2000年 2013年 巡礼

全国に「幻」の鉄道が数多くある中で、せっかく橋梁や高架橋が高い完成度に到達しながら、その後の徹底的な撤去作業によって、多くの部分が更地へと還ってしまった路線がある。宮崎県の高千穂駅と熊本県の高森駅を結ぶはずだった「高千穂線」の延伸区間だ。

ここまで徹底的な撤去が行われた理由は、施設を管理していた国鉄清算事業団から、地元自治体への一括譲渡の申し入れが1992年に行われた際に、構造物の撤去後に売買を行うことで合意が交わされたからだった。撤去作業は1997年から始められ、およそ1年で完了した。構想から用地買収、設計、工事までに要した長い期間を思うと、あっけないほど短かった。

88億円の工費が投じられたが…

高千穂線の延伸区間は、九州中部横断鉄道の最後のピースとして日之影〜高千穂〜高森間で計画され、すでに開業していた延岡〜日之影間の日之影線と、立野〜高森間の高森線を繋ぐことで、延岡から熊本までを結ぼうとするものだった。1962年に建設線へと昇格し、1972年には日之影〜高千穂間が開業、日之影線は高千穂線と改称された。残る高千穂〜高森間についても、1973年に高森側から工事に着手され、1975年には高千穂側からも工事が始められた。

ところが、高森側で掘削が進められていた高森トンネルで、1974年に坑口から1キロの地点で異常出水事故があり、1975年にも再び1・2キロの地点で毎分36トンという異常出水事故があり、このときは高森町内の8カ所で湧水が枯れるという事態になった。1976年には1・8キロの地点でまた異常出水事故があり、ついに工事は中断に追い込まれた。この件はのちに補償問題にまで発展する。

本項の代表的な構造物・地点の位置データ
☆ 第1坂の下橋梁　32.732229, 131.298706

高千穂側では工事は順調に進捗していたが、全国の多くの新線と同様、国鉄の経営不振の影響で１９８０年度の予算を最後に工事は凍結された。それまでに88億円の工費が投じられ、計画の45・5％までが完成していたが、そのまま放置状態が続くこととなった。

ショッキングな解体シーン

高千穂～高森間の約23キロのうち、高千穂側の約９・４キロ、総面積約４・８ヘクタールを高千穂町が購入することになり、16カ所の橋梁の撤去と、５カ所のトンネルの封鎖が行われることになった。

地元紙の紙面には、重機が橋梁の上に乗って隣接するコンクリートの桁に穴をあけ、下へ落とすという解体シーンが掲載された。重量のある鉄道車両が行き来しても壊れないほど頑丈に造られた桁が、一台の重機によって簡単に崩されるシーンはショッキングであった。住宅が近接する現場では、細かいコンクリート片に切り分けて、クレーンで下ろすシーンも掲載された。

こうして、一度は姿を現した高千穂線の延伸区間の橋梁や高架橋は次々と姿を消し、元の田園風景へと戻っていった。

わずかに残る幻の遺構

このように、自治体への一括譲渡の前提に構造物の撤去があったため、幻の遺構は徹底的に消し去られたわけだが、意図して残された遺構もわずかながら存在する。その一つが「第１坂の下橋梁」だ。橋梁の上が遊歩道として整備され、「夢見路公園」と名付けられて、C58　１１５の動輪も展示された。

さらに２００３年には、熊本県内で解体危機に瀕していた蒸気機関車の４８６４７を救出して迎え入れることになり、第１坂の下橋梁に初めて、短いながらも展示用にレールが敷かれることとなった。

この粋な取り組みを行ったのは高千穂町の神楽酒造で、同社では近接する延長１１５メートルの葛原トンネルを焼酎の貯蔵庫として活用し、施設全体を観光物産館「トンネルの駅」として運営している。葛原トンネルの内部も無料で公開しており、熟成中の樫樽が整然と並ぶ光景を見る事ができる。

この第１坂の下橋梁の北側には、第１坂の下トンネルが坑口を塞がれた状態で現存しており、第１、第２上野トンネルも、同様に現存している。

高森側では、延長６４８０メートルで計画されていた高森トンネルが、２０５５メートルまで掘り進めたところで工事が中断して放置されていた。１９９４年には、入口から５５０メートルが「高森湧水トンネル公園」として整備された。毎分32トンを誇る湧水でトンネル内は約17℃に保たれるため、夏には涼を求める人々で賑わっている。

高千穂駅構内には、高森方面へと続くはずだったレールが残る

第1坂の下橋梁の付近は「夢見路公園」として整備されている

延長1115メートルの葛原トンネルは「トンネルの駅」として活用されている

葛原トンネルの内部には熟成中の焼酎の樫樽が奥の方まで並んでいた

第1坂の下トンネルは坑口が塞がれた状態で現存している

高森トンネルは「高森湧水トンネル公園」として整備され、湧水は町民の水源として活用されている

1978年に完成した「第1坂の下橋梁」は、他の16カ所の橋梁が解体された中で存置され、2003年からは「48647」が展示されている

九州中部横断鉄道のためのレールが敷かれることはなかったが、蒸気機関車の展示を機に、短いながらもレールの敷設が実現した

開業しないままで解体された「幻」の高架橋

姿を消した壮麗な高架橋たちへのレクイエム 「呼子線」・佐賀県

1992年 2011年 巡礼

佐賀県唐津市に所在する、唐津線の終点である西唐津駅からは、唐津線の佐賀行のほかに、筑肥線の伊万里行、さらには筑肥線の筑前前原行の電車も発車する。筑肥線の電車は、一部が筑前前原から天神、中洲川端、博多を経由して、福岡空港まで直通している。

この西唐津駅からは、さらに呼子方面へと延伸する「呼子線」の計画が存在したが、「幻」に終わった。

呼子線は、将来的に電化すれば博多方面との直通電車の運転が可能となるほか、全線にわたってトンネルや高架橋の工事がほぼ完成していたことから、沿線からの期待も高い路線であった。

呼子線の終点側は順調に完成

西唐津駅から東松浦半島の呼子町、鎮西町(いずれも現・唐津市)、玄海町を経て、伊万里駅へと半周する鉄道の構想は、戦後になって具体的に動き出した。

このうち西唐津駅の北西約3キロの唐津市佐志桜町～呼子間の約13キロについて、1967年に工事実施計画が認可され、1968年に着工された。

1971年には終点側の屋形石～呼子間、1975年までには佐志～肥前相賀～肥前湊～屋形石間の路盤も完成した。

根元のところで用地買収が難航

呼子線の最大の不運は、工事の着手が終点の呼子側から行われたことで、ルートの根元に当たる、西唐津側が後回しになったことだった。

これは、唐津市の都市計画の遅れに起因していたが、さらには唐津市内の佐志地区で強硬な建設への反対があり、用地買収の交渉が難航を極めていたことも重なった。一部の用地は、最後まで買収に至ることのないままに終わった。

本項の代表的な構造物・地点の位置データ
☆ 第4湊高架橋の跡地　33.525671, 129.943919

全線で着工も、予算が執行停止

当初の呼子線は、筑肥線の東唐津駅から唐津線の西唐津駅を経て、呼子駅予定地へと向かうルートで計画されていた。ところが、筑肥線の東唐津駅が移転することになったため、呼子線のルートも、虹ノ松原駅から移転後の東唐津駅を経て唐津駅へと至り、唐津〜西唐津間は唐津線と線路を共用することに変更となった。そして、未着工であった西唐津駅〜唐津市佐志桜町までの区間でも、１９７８年に第2西唐津トンネルの工事が開始された。

しかし、多くの「幻」の鉄道を生むこととなった国鉄の経営悪化の影響は呼子線にも波及し、１９７９年には予算の執行停止が決まってしまった。

新線工事を継続するには、一日の想定輸送密度が４０００人を超える必要があったが、呼子線で想定されたのは３２００人だった。

虹ノ松原〜唐津間を先行開業

当時の佐賀県知事が、「呼子まで電化を行えば４２００人は可能」と主張したが、それでも事態は動かなかった。そこで唐津市では、虹ノ松原〜唐津間だけを切り離して先行開業するよう主張を改めた。この区間だけなら、輸送密度は８０００人が見込まれたからだ。

この主張が認められ、１９８１年に工事の凍結が解除された。１９８２年には虹ノ松原〜唐津間の名称が呼子線から筑肥線へと変更され、１９８３年には開業を果たした。このとき電化も同時に完成し、筑肥線の電車による直通運転が開始された。

西唐津〜呼子間は鉄道を断念

需要がもっとも見込まれていた区間が切り離されたことで、残された呼子線の西唐津〜呼子間の状況は極めて厳しくなった。１９８２年には、鉄建公団から地元関係者に対して第三セクター鉄道での開業案が提示されたが、１９８６年に行われた需要の予測では、輸送密度は１２０８人と算出され、鉄道として開業することは、ほぼ絶望的な状況となった。

完成した路盤を活用してガイドウェイバスを走らせる案や、サイクリングロードに転用する案も検討されたが、いずれも断念された。

工事が先行していた佐志桜町〜呼子間では、路盤のおよそ96%が完成していたが、唐津市では高架橋や橋梁を撤去した上で更地として購入することを希望し、１９９７年から2年の歳月と21億円の費用をかけて、これらの構造物は撤去された。

佐志駅が予定された付近から約2キロの区間の跡地には、２０２３年に国道２０４号線の唐房バイパスが開通した。単線鉄道用だった唐房トンネルも、拡幅の上で活用されている。

呼子線が「幻」の鉄道であることを象徴していたのが中通高架橋だった。未買収地に阻まれて、途切れた姿のままで最後まで立ち尽くしていた

第2西唐津トンネルの西側坑口から続いていた桜町高架橋の起点

桜町高架橋は住宅が建て込んだ中をくぐり抜けるように伸びていた

右側から佐志川橋梁、佐志南高架橋と続き、その先に中通高架橋があった

現在では高架橋はすべて撤去され、付近は更地になっている

背後に黒崎山を望みながら、第1～第4浦高架橋・橋梁、第1～第4鳩川高架橋・架道橋・橋梁が連なっていた。今はバイパスに生まれ変わっている

佐志～肥前相賀間では唐津湾に沿って第5～第9鳩川橋梁が連なり、もし列車が走っていれば、車窓からの眺めも素晴らしかったはずだが、すべては幻に終わった

解体前の１９９２年に巡礼

唐津市内の区間で呼子線の高架橋や橋梁の撤去工事が開始されたのは１９９７年のことであったが、その５年前の１９９２年に、私は自転車で呼子線の「幻」の遺構を巡礼していた。

このときにはまだ、第２西唐津トンネルの西側から桜町や佐志地区にかけての住宅地の間に伸びる高架橋や、佐志駅〜肥前相賀駅間で海を臨みながら続く高架橋、肥前湊駅から第３湊トンネルにかけての橋脚がズラリと並ぶ高架橋の姿も見ることができた。

当時は「幻」の鉄道に関する情報は多くはなく、これらの壮麗な高架橋は現地に行って初めて知ったのだった。

過去に一度だけ、幻の呼子線の姿を月刊誌に投稿したことがあったが、それから30年以上が経過し、私自身の記憶からも薄れゆく呼子線であるので、当時の巡礼を改めて振り返ってみたい。

途切れた高架橋が象徴的だった

呼子線は、唐津線の唐津〜西唐津間で分岐して、その先で唐津線と並行して西唐津駅に至る予定となっていたが、高架橋の途中で分岐ができるように少し広くなっている部分があっただけで、その先では未着工の空き地が続くのみとなっていた。西唐津駅から先の第１西唐津トンネルも未着工で、幻の遺構が見られるようになるのは第２西唐津トンネルからだった。

延長１３１３・６メートルの第２西唐津トンネルは、繰越金を使って１９８２年まで工事が続けられていたが、貫通こそしていたものの、１６８メートルの区間は導坑までしか工事が進まない状態で中断してしまい、坑口が小さいのが印象的だった。

その第２西唐津トンネルに続く佐志地区には、このときにはまだ桜町高架橋、佐志川橋梁、佐志南高架橋が続いていた。

白く細い橋脚が規則正しく並んでいる光景は眩しく映り、呼子までの直通列車が行き交う様子を心待ちにしていた地元の方々の期待感が伝わってくるようだった。

しかし、そんな心境を一変させたのが、その先で目に留まった中通高架橋の姿だった。計画では２８７メートルの高架橋になるはずだったが、40メートルのところでプッツリと途切れていたのだった。

この先で、用地買収の交渉が難航し、80メートルの区間では、ついに最後まで交渉が実ることはなかった。

西唐津駅を出て、まだ最初の佐志駅の予定地に至るよりも手前で、用地未買収という箇所が生じてしまったため、高架橋を繋げることもできず、部分開業といったことも叶わなかった。途切れて立ち尽くしていた高架橋も、のちに撤去されて更地に戻っていった。

すべて消え去ってしまうとは…

佐志駅の予定地からは、延長495メートルの唐房トンネルを抜け、その先では第1から第4までを数える浦高架橋・橋梁、そして第1から第4までを数える鳩川高架橋・架道橋・橋梁が連なっていた。

高台から見下ろすと、唐房地区の街並と黒崎山をバックに、一直線に横切っていく呼子線の姿が見えて、その向こうには幸多里ヶ浜に沿って広がる唐津湾まで見渡すことができた。

あのときには、目の前に展開していた景色の中から、呼子線の構造物だけがすべて消し去られる日が来ることなど想像もできなかった。

現在では、その跡地は前述のとおり、国道204号線・唐房バイパスに転用されている。単線鉄道用の高架橋では、道路への転用は不可能であったから、仕方のないことであった。

撮影名所も「幻」に…

巡礼時にはまだ未利用だった延長73・5メートルの鳩川トンネルも、現在では生ハムやサラミの熟成施設として活用されている。トンネルの先に続いていた第5〜第9鳩川橋梁は、呼子線の沿線でも海岸線に一番近づいていた区間で、近くの坂道を上がってみると、整然と並ぶ橋脚の向こうに、唐津湾と対岸の大島が良く見えた。もし呼子線が無事に開業していたら、撮影名所の一つとなっていたに違いなかった。現在では橋脚の一本も残っていない。

高架橋の姿に惚れ惚れ

肥前湊駅の予定地から第3湊トンネルにかけては、数百メートルにわたって西郷川橋梁、第4湊高架橋、橋本川橋梁、第5湊高架橋が連続し、まさに壮観だった。第3湊トンネルの坑口の上から俯瞰すると、少しカーブしながら田園地帯を悠然と突っ切っていく姿が見渡せて、そこに列車の姿がなくとも、高架橋の姿だけで惚れ惚れとした。それらもすべて幻と消えている。

ホームへの階段もわかるほどに

第3湊トンネルを抜けると、わずかな区間だけ外へ出て渡瀬川橋梁を渡り、再び屋形石トンネルへと吸い込まれていた。その姿は国道204号線からも見ることができた。そんな渡瀬川橋梁も現在では橋台を残すのみである。

屋形石駅の予定地では、ホームへと続く階段の位置がわかるところまで整備が進んでいた。幸いにも、その姿は現在でもあまり変わっていない。

幻の遺構がきれいさっぱり消し去られたのは旧唐津市のエリアまでで、ここから先の旧呼子町のエリアでは、農道に転用されて現存している箇所も存在する。呼子線という夢の証人として、これからも在り続けてほしいものだ。

右端が肥前湊駅予定地で、そこから数百メートルにわたって西郷川橋梁、第４湊高架橋、橋本川橋梁、第５湊高架橋が連続する景観は壮観だった

西郷川橋梁からは左奥に第３湊トンネルの坑口が見えた

完成された高架橋にレールが敷かれることのないまま、この5年後に解体される運命にあった

スラリとした橋脚が続く光景も消え、元の田園風景へと戻った

第３湊トンネルと屋形石トンネルの間では一瞬だけ外へ出て、そこで渡瀬川橋梁を渡るはずだった。現在では橋台を残すのみとなっている

屋形石駅〜呼子間の路盤は１９７１年までに完成し、屋形石駅の予定地には、将来的に階段やホームとなる部分がすでに姿を現していた

平成元年	5月9日	県企画調整課長が、跡地等活用方策の検討を進めるため、唐津市建設部長、呼子町助役を訪問、会談。
	6月5日	唐津市建設部長が県企画局長を訪問、会談。今後、県と地元が一緒に検討を進めることを確認
	6月12日	県、関係市町担当課長会議を唐津市で行う。今後の進め方、構成メンバー等について協議。
	7月31日	県、関係市町担当課長会議（於　唐津市）構成委員、幹事、規約等の検討
	9月13日	「呼子線跡地活用検討協議会」設立
	10月18日	第1回幹事会
	11月28日	第2回幹事会
平成2年	3月30日	第3回幹事会（平成2年度調査委託実施を確認）
	5月10日	県及び唐津市（事務局）の間で調査委託実施について打合せ。

1　呼子線の経緯

昭和36年	6月	国鉄呼子線鉄道敷設促進期成会設立 構成11市町　（唐津市，伊万里市，呼子町，鎮西町，玄海町，肥前町 福島町，郷の浦町，勝本町，芦辺町，石田町）
昭和37年	3月	調査線に編入
昭和39年	9月	工事線に編入
昭和42年	12月	桜町～呼子間着工認可
昭和43年	9月	桜町～呼子間工事着手
昭和49年	5月	虹の松原～桜町間着工認可
昭和50年	1月	虹の松原～桜町間工事着手
昭和55年	12月	国鉄経営再建促進特別措置法により工事予算凍結
昭和56年	12月	虹の松原～桜町間主要幹線に編入
昭和58年	3月	虹の松原～桜町間開業（筑肥線電化・福岡市営地下鉄と相互乗り入れ）
昭和60年	6月	期成会総会において、「第3セクター等による運営力方法についても研究を進め、早期開通に向けて意欲的に推進する。」旨決定
昭和62年	8月	期成会総会において「運営見通しは厳しい状況にあるが、引続き資料分析等を行うほか、沿線住民の意向実態調査を実施するなどにより、最終的な選択を図っていく。」旨決定
平成元年	3月	期成会総会において「呼子線沿線住民意向調査」の結果報告
	3月末	国鉄改革法等施行法による工事再開の期限を経過（線路敷等の施設は日本鉄道建設公団から日本国有鉄道精算事業団に承諾される）。

呼子線概念図

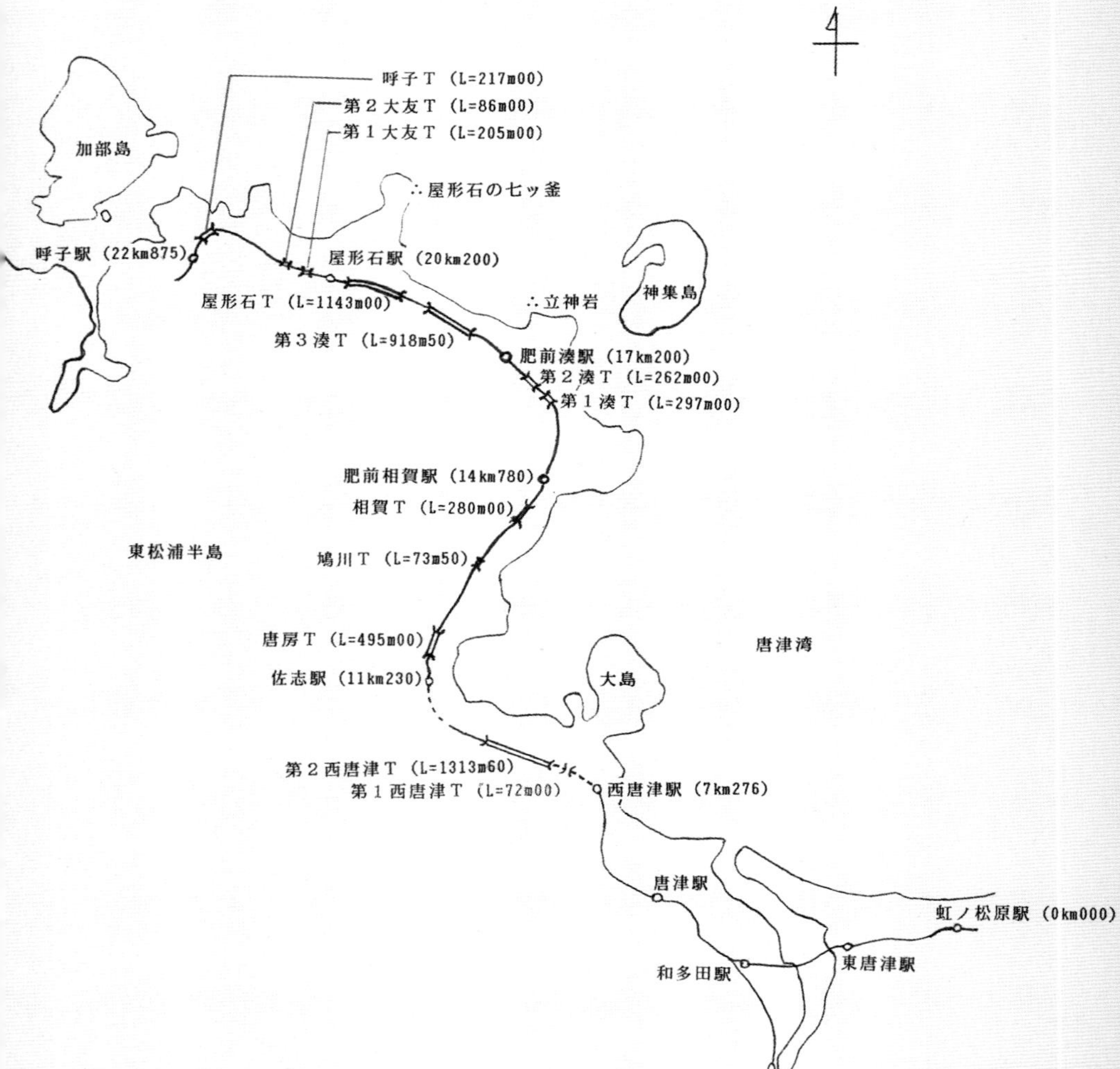
呼子T（L=217m00）
第２大友T（L=86m00）
第１大友T（L=205m00）
加部島
∴屋形石の七ッ釜
呼子駅（22km875）
屋形石駅（20km200）
神集島
屋形石T（L=1143m00）
∴立神岩
第３湊T（L=918m50）
肥前湊駅（17km200）
第２湊T（L=262m00）
第１湊T（L=297m00）
肥前相賀駅（14km780）
相賀T（L=280m00）
東松浦半島
鳩川T（L=73m50）
唐房T（L=495m00）
唐津湾
佐志駅（11km230）
大島
第２西唐津T（L=1313m60）
第１西唐津T（L=72m00）
西唐津駅（7km276）
唐津駅
虹ノ松原駅（0km000）
東唐津駅
和多田駅

2　呼子線の現況

呼子線は西唐津～佐志間の一部（約 1.9km）を残し、竣工している。工事休止は昭和57年３月である。

（進捗状況）

	延　長	用地取得	路盤整備	軌　道
唐津・呼子間	17 km	98 %	92 %	0 %

（現　況）

工事予定額	165億円（うち実施済 92億円…… 55.8%）
残工事予定額	73億円（昭和57年度　国鉄規格積算）
未買収区間	2ヶ所　215 m
未着工区間	2ヶ所　1,380 m

2.887mである。

呼子線工事区間概要（呼子、鎮西町）　　起点　20k　333m
終点　23k　240m　（単位：m）

番号	区　間	土盛り部	高架部	トンネル部			平地部	未買収部	合計
				完成	一部着工	未着工			
28	大友地内	162							162
29	第1大友トンネル			205					205
30	大友地内	233							233
31	第2大友トンネル			86					86
32	大友地内	44							44
33	大友　山神						313		313
34	山神　丸田	334							334
35	丸田地内		45						45
36	丸田　呼子						488		488
37	呼子トンネル			217					217
38	呼子地内	220							220
39	呼子地内		39						39
40	呼子地内	521							512
合計		1.514	84	508			801		2.907

3. 呼子線区間概要　　トンネル部分が全体の30%（12ヶ所 5,361m）とかなり多く、また橋梁部（高架）も33ヶ所

呼子線工事区間概要　　起点　西唐津駅　7k 276m
終点　市町境界　20k 333m（△ 860m）（単位：m）

番号	区間	土盛り部	高架部	トンネル部 完成	トンネル部 一部着工	トンネル部 未着工	平地部	未買収部	合計
1	西唐津駅　国道204号線						270（高架予定）		270
2	国道204号線　第1西唐津トンネル入口						135（高架予定）	135	270
3	第1西唐津トンネル					72			72
4	第1西唐津トンネル出口　第2西唐津トンネル入口						110（高架予定）		110
5	第2西唐津トンネル			1,145		168			1,313
6	第2西唐津ﾄﾝﾈﾙ出口　佐志中通り		319					80	399
7	佐志中通り地区						410（高架予定）		410
8	佐志中通り佐志浜町	580							580
9	唐房トンネル			495					495
10	浦地内　①		605						605
11	浦地内　②	271							271
12	浦　鳩川		93						93
13	鳩川地内　①	85							85
14	鳩川トンネル			73					73
15	鳩川地内　②		325						325
16	鳩川　相賀トンネル入口	590							590
17	相賀トンネル			280					280
18	相賀トンネル出口　第1湊トンネル入口	1,860							1,860
19	第1湊トンネル			297					297
20	第1湊トンネル出口　第2湊トンネル入口	143							143
21	第2湊トンネル			262					262
22	第2湊トンネル出口　湊（西郷川）	398							398
23	湊（西郷川）　第3湊トンネル入口		610						610
24	第3湊トンネル			918					918
25	第3湊トンネル出口　屋形石トンネル入口		144						144
26	屋形石トンネル			1,143					1,143
27	屋形石トンネル出口　呼子入口	181							181
合計		4,108	2,096	4,613		240	925	215	12,197

第１回承継　Ｈ元．４．１

第２回承継　Ｈ２．５．１

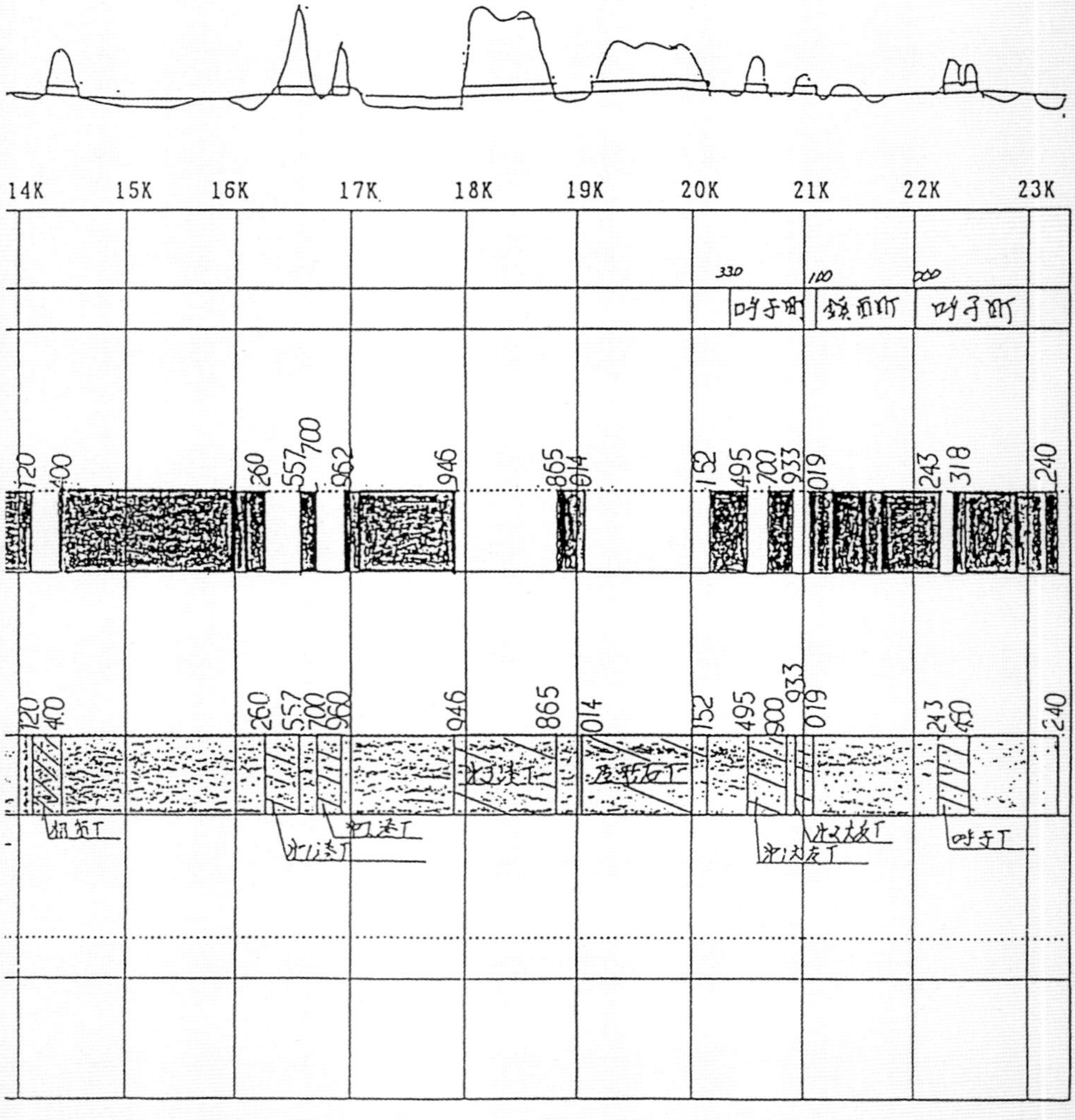

略号：T＝トンネル

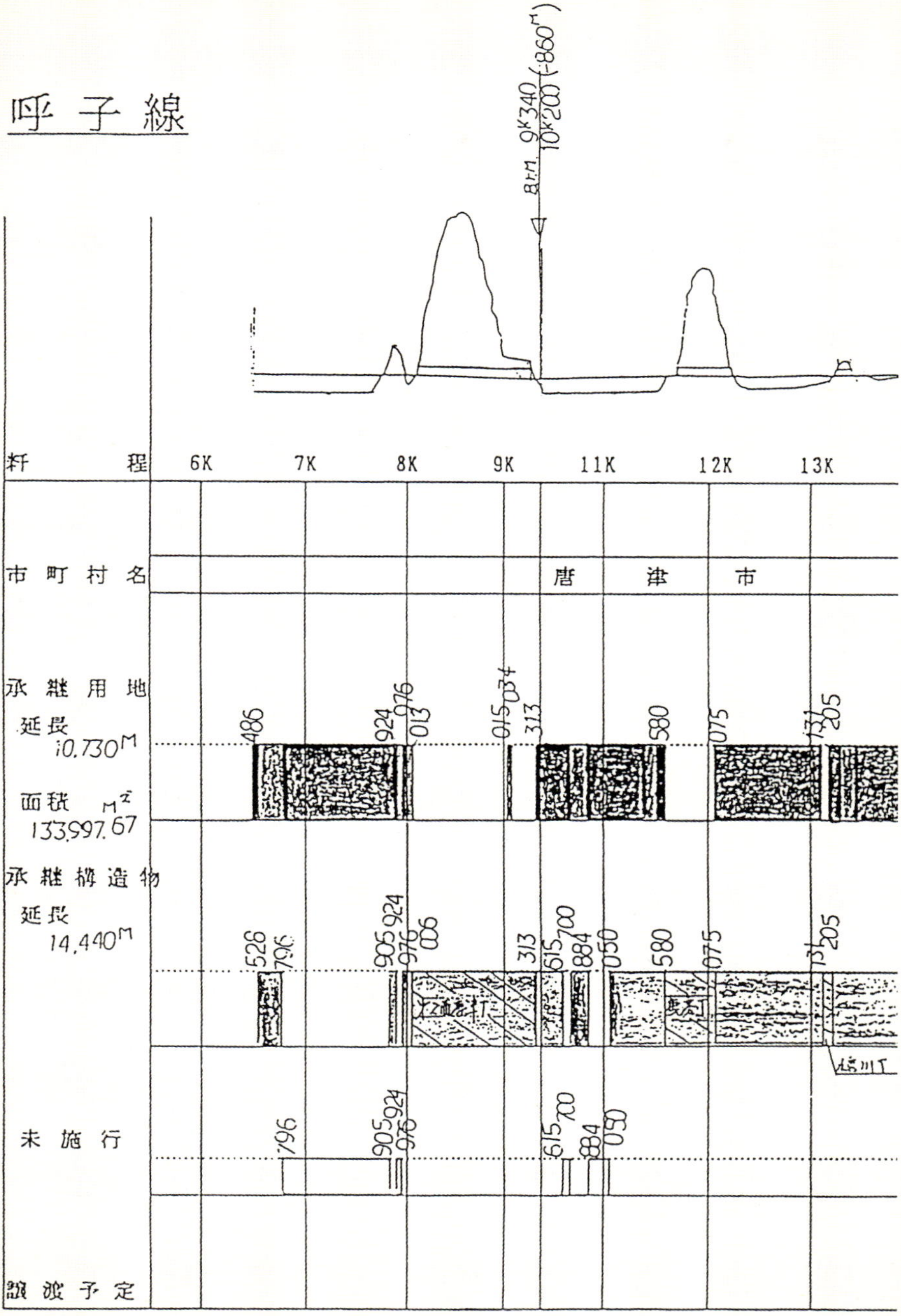
呼子線
B.M. 9K340
10K200 (-860M)
粁程
6K
7K
8K
9K
11K
12K
13K
市町村名
唐津市
承継用地
延長
10.730M
面積 M2
133,997.67
486
924
976
013
015
034
313
580
075
131
205
承継構造物
延長
14,440M
526
796
905
924
976
006
313
615
700
884
050
580
075
131
205
未施行
796
905
924
976
615
700
884
050
譲渡予定

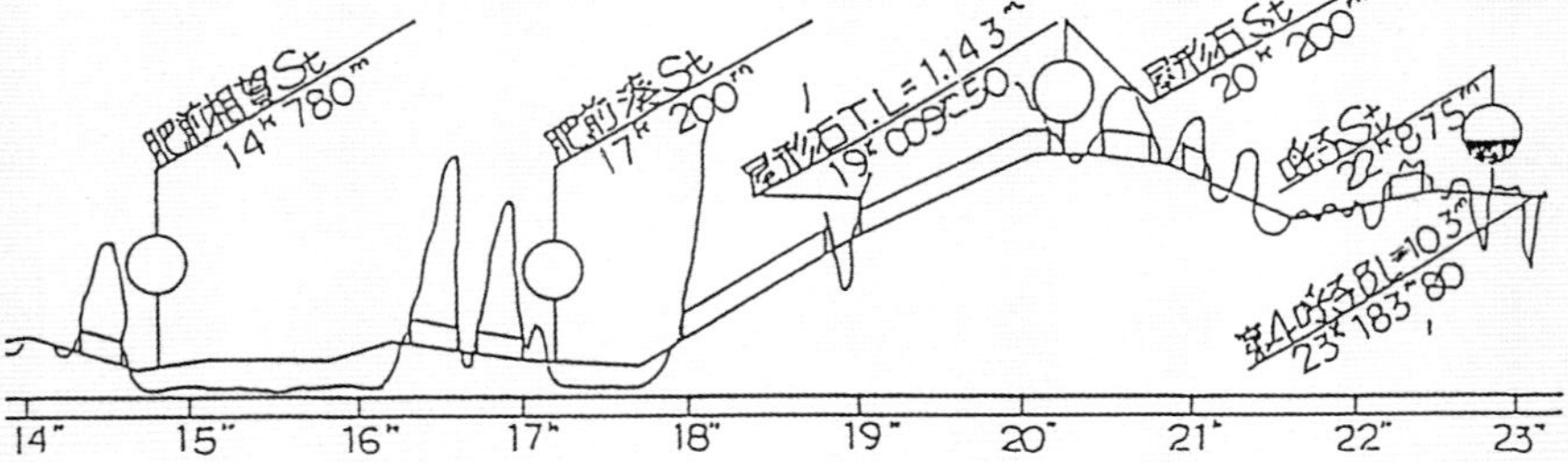

昭和42年12月11日　認可

可

呼子町　鎮西町　呼子町

[redacted]

着手

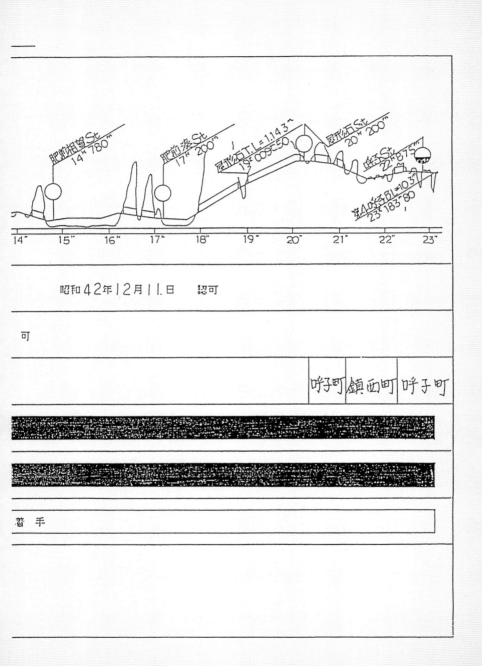

呼子線

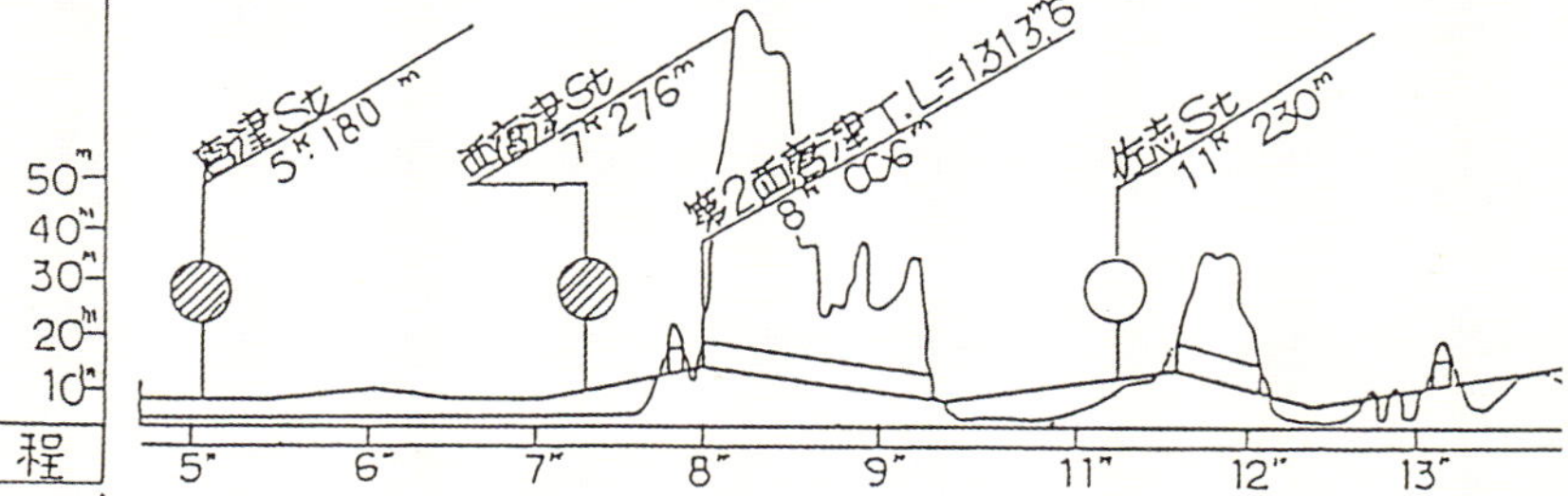

工事実施計画	路盤	昭和49年5月31日 認可
	開業	未認
市町村名		唐津市
進ちょく状況	用地	未 未買収 未
	路盤	未着手 未完成 未着手
	軌道	未
記事		

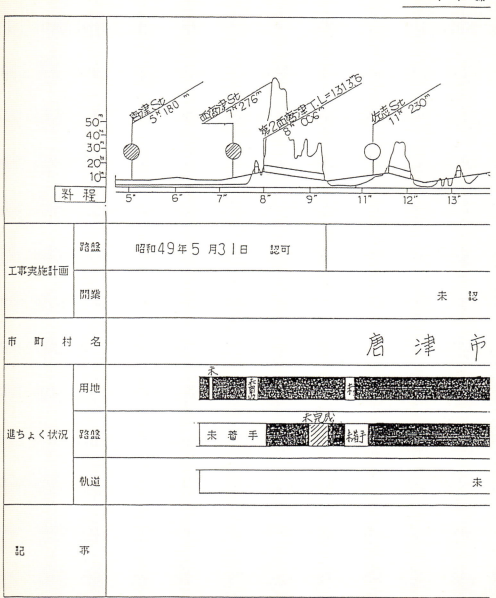

橋りょう表

位置			名称	上部構造					下部構造		備考
km	m	cm		桁種類	KS値	径間割	延長 m		基礎種別	く体	
6	536	05	第1西旗 Bℓ	Ct Cr Ct Ct	14	1 ×8.41 3 ×(3×8) 1 ×8.50 1 ×8.00	99	91	くい	鉄筋コン	
10	222	68	桜町 Bℓ	Ct Ct Cr	14	3 ×6.80 1 ×15.10 1 ×(2×8)	56	23	くい	鉄筋コン	
10	267	38	桜町 Bv	Ct Ct	14	1 ×19.10 1 ×13.10	33	16	くい	鉄筋コン	
10	315	44	佐志川 B	Ctp	14	2 ×31.20	62	96	くい	鉄筋コン	
10	449	44	佐志南 Bℓ	Ct Cr Ct Ct Ct Cr Ct Cr Ct	14	1 ×7.40 3 ×(3×8) 1 ×6.24 3 ×8.40 1 ×15.10 2 ×(1×8) 1 ×5.90 2 ×(2×8) 2 ×6.78	205	01	くい	鉄筋コン	
10	718	18	中通 Bℓ	Cr Ct Cr	14	1 ×8.00 1 ×6.86 1 ×(3×8)	40 (287	00 70)	くい	鉄筋コン	( )は設計
11	095	80	第2佐志浜Bb	Cr	14	1 ×2.50	2	50	直接	鉄筋コン	
11	148	00	第3佐志浜Bb	Cr	14	1 ×3.50	3	50	直接	鉄筋コン	
11	259	00	浜町 Bv	Ct	14	1 ×13.10	12	26	くい	鉄筋コン	
11	368	00	浜町 Bℓ	Ct	14	6 ×10.00	62	84	くい	鉄筋コン	
11	484	00	唐房 Bℓ	Ct	14	5 ×10.00	52	12	くい	鉄筋コン	

略号：B＝橋梁　Bℓ＝高架橋　Bv＝架道橋　Bb＝ボックス・カルバート

橋りょう表

位置			名称	上部構造					下部構造		備考
km	m	cm		桁種類	KS位	径間割	延長 m		基礎種別	く体	
11	536	20	竜福寺 B	Ct	14	1 ×19.10	18	22	くい	鉄筋コン	
12	118	70	第1浦 Bℓ	Ct	14	3 ×15.10	49	70	くい	鉄筋コン	
12	162	90	第2浦 B	Ctp	14	1 ×40.00	38	70	くい	鉄筋コン	
12	411	64	第3浦 Bℓ	Ct Ct Ct	14	1 ×9.80 22×19.00 1 ×10.00	458	79	くい	鉄筋コン	
12	812	50	第4浦 Bb	Cr	14	1 ×4.00	4	00	直接	鉄筋コン	45°
12	953	00	第1鳩川 Bv	Ct	14	1 ×7.00	6	44	くい	鉄筋コン	
12	996	92	第2鳩川 Bℓ	Ct Cr Cr	14	3 ×6.75 1 ×8.60 2 ×(3×8)	81	40	くい	鉄筋コン	
13	046	63	第3鳩川 Bv	Ct	14	1 ×19.00	18	04	直接	鉄筋コン	
13	100	00	第4鳩川 Bb	Cr	14	1 ×2.50	2	50	くい	鉄筋コン	
13	225	21	第5鳩川 Bv	Ct	14	1 ×19.00	18	04	直接	鉄筋コン	
13	379	21	第6鳩川 Bℓ	Ct Cr Cr Ct	14	1 ×19.00 6 ×(3×10) 1 ×10.00 8 ×8.53	289	95	直接	鉄筋コン	
13	639	30	第7鳩川 B	Ct	14	1 ×10.00	9	14	直接	鉄筋コン	
13	789	00	第8鳩川 B	Ct	14	1 ×10.00	9	14	直接	鉄筋コン	
13	860	00	第9鳩川 B	Ct	14	1 ×7.00	6	44	直接	鉄筋コン	
13	970	00	第1相賀 Bb	Cr	14	1 ×4.50	4	50	直接	鉄筋コン	

橋りょう表

位置			名称	上部構造					下部構造		備考
km	m	cm		桁種類	KS位	径間割	延長 m		基礎種別	く体	
14	030	00	第2相賀　Bb	Cr	14	1×3.00	3	00	くい	鉄筋コン	
14	459	50	第3相賀　Bv	Ct	14	1×7.00	6	44	直接	鉄筋コン	
14	596	00	第4相賀　B	Ct	14	1×12.70	11	94	直接	鉄筋コン	
14	839	40	第5相賀　Bv	Ct	14	1×10.00	9	34	くい	鉄筋コン	
14	942	00	第6相賀　Bb	Cr	14	1×4.00	4	00	直接	鉄筋コン	
15	060	00	第7相賀　Bv	Ct	14	1×7.00	6	44	くい	鉄筋コン	
15	154	00	第8相賀　Bv	Ct	14	1×9.00	8	27	くい	鉄筋コン	左65°
15	277	50	第1松風園Bb	Cr	14	1×3.00	3	00	直接	鉄筋コン	左75°
15	407	00	第2松風園Bb	Cr	14	1×3.00	3	00	直接	鉄筋コン	
15	573	00	第3松風園Bv	Ct	14	1×7.00	6	44	直接	鉄筋コン	
15	660	00	第4松風園Bb	Cb	14	1×3.00	3	00	直接	鉄筋コン	
15	745	00	第5松風園Bv	Csd	14	1×6.00	5	17	くい	鉄筋コン	
15	845	00	第6松風園Bb	Cb	14	1×2.50	2	50	直接	鉄筋コン	
15	936	00	第7松風園Bv	Csd	14	1×3.00	2	47	直接	鉄筋コン	
16	120	00	第8松風園Bv	Csd	14	1×3.00	2	47	直接	鉄筋コン	
16	627	00	第1湊　Bv	Ct	14	1×10.00	8	70	くい	鉄筋コン	右50°
17	086	00	第2湊　Bv	Ct	14	1×7.00	6	24	直接	鉄筋コン	
17	146	00	第3湊　Bb	Cr	14	1×4.50	4	50	直接	鉄筋コン	右42°

略号：B＝橋梁　Bℓ＝高架橋　Bv＝架道橋　Bb＝ボックス・カルバート

橋りょう表

位置			名称	上部構造					下部構造		備考
km	m	cm		桁種類	KS値	径間割	延長 m		基礎種別	く体	
17	358	15	西郷川 B	Ct Ctp Ct	14	1 ×12.70 1 ×31.30 1 ×19.00	63	64	くい	鉄筋コン	
17	539	22	第4湊 Bℓ	Ct Cr Cr Cr Cr	14	2 ×7.35 2 ×8.70 2 ×(3×8 +3) 6 ×(3+3 ×8 +3) 1 ×(3+8 +9+7+3)	298	50	くい	鉄筋コン	
17	697	49	橋本川 B	Ct	14	1 ×19.00	18	04	くい	鉄筋コン	
17	794	59	第5湊 Bℓ	Cr Cr Ct Cr Cr Ct	14	2 ×8.70 1 ×8.75 1 ×7.35 3 ×(3+3 ×8 +3) 2 ×(3×8 +3) 1 ×5.85	176	15	くい	鉄筋コン	
18	966	72	渡瀬川 B	Ct Ct	14	2 ×10.00 2 ×19.00	59	66	直接	鉄筋コン	
20	333	00	屋形石 B	Ct	14	1 ×10.00	9	34	直接	鉄筋コン	
20	380	00	第1大友 Bv	Csd	14	1 ×3.00	2	49	くい	鉄筋コン	
20	836	50	第3大友 Bv	Csd	14	1 ×5.00	4	32	直接	鉄筋コン	
21	086	50	第4大友 B	Ct	14	2 ×22.10	44	06	直接	鉄筋コン	
21	455	00	第1丸田 Bb	Cr	14	1 ×3.00	3	00	直接	鉄筋コン	
21	555	80	第2丸田 Bv	Ct	14	1 ×12.70	11	94	直接	鉄筋コン	

橋りょう表

位置			名称	上部構造					下部構造		備考
km	m	cm		桁種類	KS値	径間割	延長 m		基礎種別	く体	
21	634	00	第3丸田 B	Csd	14	1 ×5.00	4	28	直 接	鉄筋コン	
21	732	40	第4丸田 B	Ct	14	2 ×22.10	44	06	直 接	鉄筋コン	
21	869	00	第5丸田 Bb	Cr	14	1 ×3.00	3	00	直 接	鉄筋コン	
21	963	00	第6丸田 Bv	Csd	14	1 ×3.00	2	49	直 接	鉄筋コン	
22	091	50	第1呼子 Bv	Ct	14	1 ×12.70	11	94	直 接	鉄筋コン	
22	524	00	呼 子 Bv	Cr	14	1 ×2.00	2	00	直 接	鉄筋コン	
22	711	60	第2呼子 B	Csdp	14	2 ×31.30	62	47	直 接	鉄筋コン	
22	926	00	第3呼子 Bb	Cr	14	1 ×6.50	6	50	直 接	鉄筋コン	
23	183	80	第4呼子 B	Ct Ct	14	1 ×12.70 1 ×19.00 (2×35.00)	103	31	くい 直 接	鉄筋コン	( )は未施工
計				63箇所			2673	6			

略号：B＝橋梁　Bℓ＝高架橋　Bv＝架道橋　Bb＝ボックス・カルバート

ずい道表

位置 km	位置 m	位置 cm	名称	断面形式	延長 m		地質	備考
8	006	00	第2西唐津 T	1号型	1313	60	花崗岩	終点方138m00未施行（但し導坑掘さく及び仮巻コンクリートは施工済）
11	580	00	唐房 T	1号型	495	00	花崗岩	
13	131	50	鳩川 T	2号型 曲	73	50	花崗岩	
14	120	00	相賀 T	2号型 直 曲	280	00	花崗岩	
16	260	00	第1湊 T	2号型 直 曲	297	00	花崗岩．砂岩	
16	700	00	第2湊 T	2号型 直	262	00	花崗岩	
17	946	50	第3湊 T	1号型	918	50	玄武岩．砂岩	
19	009	50	屋形石 T	2号型 直 曲	1143	00	玄武岩．砂岩	
20	495	00	第1大友 T	2号型 直	205	00	玄武岩	
20	933	00	第2大友 T	2号型 曲	86	00	玄武岩	
22	243	00	呼子 T	2号型 曲	217	00	玄武岩	
計				11箇所	5290	6		

略号：T＝トンネル

●著者プロフィール

笹田 昌宏（ささだ まさひろ）

1971年大阪府生まれ。医師、作家。第10回旅のノンフィクション大賞、第1回びわ湖チャレンジ大賞受賞。著書に「全国トロッコ列車」（岸由一郎共著）/「英国保存鉄道」/「『ボロ貨車』博物館、出発進行!」/「あの電車を救え!親友・岸 由一郎とともに」（JTBパブリッシング）/「ダルマ駅へ行こう!」（小学館）/「学ぼう、遊ぼうおやこ鉄っ!」/「フツー―じゃない!普通列車こだわり旅」/「国鉄&JR保存車大全」/「廃駅。」/「国鉄&JR保存車大全2015-2016」/「車掌車」/「保存車大全コンプリート」/「日本の保存車100 感動編」/「幽霊列車」/「走れ、トロッコ!輝け!錆レール」/「日本の廃駅&保存駅136 感動編」/「ランプ小屋の魔力」/「鉄道『裏』巡礼」/「鉄道『謎』巡礼」（イカロス出版）/「『パパ鉄』バイブル〜大満足の全国鉄道スポット55」（講談社）/「よみがえる鉄道文化財」（交通新聞社）/「廃駅ミュージアム」（実業之日本社）がある

表紙・本文デザイン
丸山 結里

編集人
佐藤信博

編集
廣部 妥

鉄道「幻」巡礼

2025年3月20日　初版第1刷発行

著者
笹田 昌宏

発行人
山手章弘

発行所
イカロス出版株式会社
〒101-0051 東京都千代田区神田神保町 1-105
contact@ikaros.jp
（内容に関するお問合せ）
sales@ikaros.co.jp
（乱丁・落丁、書店・取次様からのお問合せ）

乱丁・落丁はお取り替えいたします。

本書の無断転載・複写は、著作権上の例外を除き、
著作権侵害となります。

定価はカバーに表示してあります。

©2025 Masahiro Sasada All rights reserved.

Printed in Japan　ISBN978-4-8022-1579-4